Kochen für
Feste und Gäste

Rezepte von Allgäuer Landfrauen

Herausgeber & Verlag:
AVA Verlag Allgäu GmbH
Postfach 3153 – 87440 Kempten/Allgäu
Telefon: (08 31) 5 71 42-0 – Fax: 7 90 08

Redaktion & Layout:
Maria Anna Weixler-Schürger
Brigitte Wiedemann

Titelfoto:
Maria Anna Weixler-Schürger

Gesamtherstellung:
AVA Verlag Allgäu GmbH
Porschestraße 2 – 87437 Kempten

Druck:
KKW Druck GmbH - Heisinger Str. 17 - 87437 Kempten

Kochen für

Feste und Gäste

Rezepte von Allgäuer Landfrauen

Man nehme: Eine Handvoll Freundinnen (je nach Geschmack dürfen es auch zwei sein), gebe dazu deren (möglichst hungrige) Männer – und füge zudem noch eine Prise lebensfroher, neugieriger Kinder bei.
Das Ganze vermische man mit einer gehörigen Portion guter Laune und noch mehr Lust darauf, sich im Freundes- oder Familienkreis endlich einmal wiederzusehen. Und wenn dann noch ein Spritzer besten Wetters herbeigezaubert werden kann und das traute Heim idealerweise auch über einen idyllischen Garten verfügt, dann steht einem gelungenen Fest nichts mehr im Wege.
Ob als Brunch am Sonntagvormittag, als Empfang zum runden Geburtstag, als Einladung zu Taufe oder Kommunion oder zur Feier des soundsovielten Hochzeitstages… Feste sollten gefeiert werden, wie sie fallen, und Anlässe dafür finden sich immer.
Eine Auswahl von Rezepten für kleine und große Feste finden Sie in diesem Buch. Landfrauen aus dem Allgäu haben dazu wieder einmal in ihren Schatzkästchen gekramt und das Beste daraus verraten. Pfiffiges und Raffiniertes wurde dabei ebenso zu Tage gefördert wie Leckeres, das schnell geht und nicht viel Arbeit macht.

Viel Freude beim Nachkochen und schöne Feste mit netten Gästen wünscht Ihnen

Maria Anna Weixler-Schürger

Inhalt

Kleingebäck

Aus Rohr und Pfanne

Aus einem Topf

Punsch und Bowle

Nachtisch

Brot
Brotaufstriche
Dips

Buttermilchbrot

Zutaten:
1 l Buttermilch,
40 g Hefe (1 Würfel),
500 g Weizenmehl,
500 g Roggenvollkornmehl,
2 TL Salz,
1 Tasse Sonnenblumenkerne,
3 EL Leinsamen,
3 EL Sesam,
2 EL Kümmel

Buttermilch erwärmen, die Hefe in die Milch geben und verrühren. Weizen- und Roggenvollkornmehl, Salz und alle genannten Körner in eine Schüssel geben. Buttermilch mit Hefe darübergießen, alles gut vermischen und etwa 15 Minuten bei 50 Grad warm stellen. Den Teig in zwei mehllierte Kastenformen geben und bei 180 Grad ca. 1 Stunde backen.

Von Gerlinde Felbermeier,
Unteregg

Halbweißes Dinkelbrot

Zutaten:
1 kg Dinkelmehl Typ 630,
1 kg Weizenmehl Typ 550,
2 Würfel Hefe,
1 Becher Buttermilch,
1 1/2 Becher lauwarmes Wasser,
1 EL Salz,
2 EL Brotgewürz Frank und Schuster;
Backblech und Papier

Mehl in die Schüssel geben und mischen. In die Mitte eine Grube machen, Hefe hineinbröckeln, 2 TL Zucker über die Hefe hinzugeben und mit etwas lauwarmem Wasser einen Hefebrei anrühren und 30 Minuten gehen lassen. Salz, Brotgewürze, Buttermilch und 1 Becher Wasser dazugeben und mit dem Kochlöffel alles miteinander vermengen, wenn nötig restliches Wasser dazugeben. Den Teig mit dem Kochlöffel so lange bearbeiten, bis er glatt ist. Danach 2 Stunden gehen lassen. Kleine Brotlaibe formen und im 180 bis 220 Grad warmen Ofen 45 bis 60 Minuten backen. Brot sollte eine schöne hellbraune Kruste bekommen. Der Brotteig verträgt keine Küchenmaschine.
Zubereitungszeit ca. 30 Minuten ohne das Gehen des Teiges berücksichtigt. Bitte den Brotteig nicht mit den Händen kneten!
Schmeckt sehr gut zu Kartoffelsuppe und einem Glas kühlem Bier!

Von Christine Brader,
Einöde-Memmingen

Krautsemmel

Zutaten:
250 g ger. Wammerl,
250 g Sauerkraut,
1 Zwiebel,
170 ml Wasser,
2 Schnapsgläser Öl,
1 TL Zucker,
1 frische Hefe,
1 Prise Salz,
500 g Mehl

Hefeteig herstellen und gehen lassen. Wammerl, Sauerkraut und Zwiebel kurz anbraten, auskühlen lassen. Den Hefeteig mit den übrigen Zutaten zusammenmischen, nochmals gehen lassen. Danach kleine Semmel auf ein Blech setzen und backen. 200 Grad ca. 30 Minuten.
Gut geeignet als Partymitbringsel.

Von Monika Hipp,
Stötten a. A.
Bild: Sylvia Weixler

Blütenbutter

Zutaten:
125 g weiche Butter,
5 Kapuzinerkresseblüten,
5 Kapuzinerkresse-blätter,
1 Messerspitze Curry,
etwas Salz,

Kapuzinerkresseblüten und -blätter waschen, fein hacken, zu der Butter geben und verrühren. Abschmecken, fertig.

125 g weiche Butter,
1/2 Tasse Schnittlauch-blüten
und Basilikumblätter
1 Messerspitze Cayen-nepfeffer, etwas Salz

Butterhälfte mit den Schnittlauchblüten und den gewaschenen feingehackten Basilikumblättern mischen, abschmecken, fertig.
Schmeckt lecker zu Grillgerichten.
Guten Appetit!

Von Judith Mayer,
Berg bei Böhen
Bild: Rosi Müller

Brotaufstrich

Zutaten:
500 g Quark,
1 Becher Schmand,
1 Packung Zwiebelsuppe von Knorr

Quark, Schmand und Zwiebelsuppenmischung mit Schneebesen in einer Schüssel vorsichtig durchmischen. Anschließend für 3 Stunden in den Kühlschrank stellen.
Guten Appetit zu diesem Partyhit .
Paßt gut zu frischem Brot, gegrilltem Fleisch oder Pellkartoffeln!

Von Sabine Brüchle,
Günzach
Bild: Sylvia Weixler

Eier-Schnittlauch-Soße

Zutaten:
30 bis 50 g Butterschmalz,
2 EL Mehl,
Salz, Zucker, Essig,
Wasser und Milch (insges. 3/4 l),
6 hartgekochte Eier,
1 bis 2 Tassen feingeschnittenen Schnittlauch

Aus Butterschmalz und Mehl eine helle Einbrenne herstellen, mit Wasser und Milch aufgießen. Aufkochen lassen und mit Salz, Zucker und Essig süß-sauer abschmecken. Die in Würfel geschnittenen Eier und den Schnittlauch dazugeben. Heiß zu Salzkartoffeln reichen.

Von Regina Merz,
Görwangs-Aitrang
Bild: Helga Bitter

Kräuterdip

Zutaten:
200 g Frischkäse,
1 Becher Naturjoghurt,
1/2 Becher Sahne,
Salz,
1 Messerspitze Meerrettich,
gehackte Kapuzinerkresse,
Petersilie

Frischkäse, Naturjoghurt, Sahne, Meerrettich verrühren, mit Salz noch nachwürzen und die gehackten Kräuter darunter mischen.
Mit Blumen nach Jahreszeit garnieren.
Dieser Dip schmeckt auch gut zu Pellkartoffeln.

Von Betha Grath,
Rutzhofen-Stiefenhofen

Lachscreme

Zutaten:
125 g Lachs püriert,
100 g Doppelrahmfrischkäse,
2 EL Crème fraîche,
2 EL Schlagsahne,
1 Messerspitze Meerrettich,
Salz,
Pfeffer

Alles zu einer streichfähigen Creme vermischen. Schmeckt am besten mit etwas Butter als Aufstrich auf Weißbrot/Baguette.

Von Anne Jäger,
Ungerhausen,
Bild: Sabine Bitter

Pikanter Schinkenbrotaufstrich

Zutaten:
100 g Schinken,
200 g Frischkäse,
1 Zwiebel,
Pfeffer,
Fondor,
Schnittlauch,
Liebstöckel

Von Aloisia Mägele,
Schwabsoien
Bild: Sylvia Weixler

Schinken und Frischkäse pürieren, restliche Zutaten untermengen.

Pikanter Thunfischbrotaufstrich

Zutaten:
1 Dose Thunfisch im eigenen Saft,
200 g Frischkäse,
1 Zwiebel,
Salz,
Pfeffer,
Fondor,
Kresse

Thunfisch mit Frischkäse pürieren. Salz, Pfeffer, Fondor, Zwiebel unterrühren, mit Kresse garnieren.

Von Aloisia Mägele,
Schwabsoien

Seelen-Aufstrich

Zutaten:
Salami,
Schinken roh,
Schinken gekocht,
Champignons aus der Dose,
Rote Paprika aus dem Glas,
Käse,
Sahne,
Pizzagewürz

Von Roswitha Buchenberg, Rottach
Bild: Sylvia Weixler

Salami, Schinken gekocht und roh in Würfel schneiden. Champignons und Paprika klein schneiden. Geriebenen Käse, Sahne und Pizzagewürz unterrühren. Menge variabel, je nach Bedarf! Aufstrich soll streichfähig sein!
Seelen halbieren und bei 180 Grad ca. 10 bis 15 Minuten backen.
Den Aufstrich kann man gut am Tag zuvor zusammenrühren.

Steakkräuterbutter

Zutaten:
125 g Butter (Zimmertemperatur),
1 bis 2 Knoblauchzehen,
1 Zwiebel (mittelgroß),
2 EL Schnittlauch,
2 EL Petersilie,
1 TL Estragon,
1 TL Thymian,
Salz,
Pfeffer,
1 TL Paprika, edelsüß,
eventuell Brühe
oder Fondor

Die zimmerwarme Butter mit der Küchenmaschine verrühren, die gewaschenen und kleingeschnittenen Kräuter unter die Butter mischen. Die Butter mit den Gewürzen mischen und abschmecken. Die fertige Steakbutter auf einer Alufolie zu einer Wurst formen und das Ganze vorsichtig aufrollen. Die Butter in den Gefrierschrank geben und erstarren lassen. Kurz vor Gebrauch die Butter aus dem Gefrierschrank nehmen und in dünne Scheiben aufschneiden. Die Steakbutter auf einen Teller anrichten und mit Petersilie garnieren.
Die Steakbutter passt am besten zu einem saftigen Rindersteak. Oder einfach mal auf ein gutes Stück Schwarzbrot mit Kräutern. Außerdem ersetzt die Steakbutter auch mal eine Soße.

Von Sabine Glogger,
Linggen-Durach

Tomaten-Kräutersoße

Zutaten:
1 kleine Zwiebel,
1 große, enthäutete Tomate,
1 EL Butter,
150 g Crème fraîche,
Salz,
Pfeffer,
Speisewürze,
1/2 TL gehacktes Basilikum,
1 EL gehackte Kräuter

Zwiebel abziehen, fein würfeln. Die gehäutete Tomate halbieren, entkernen, in kleine Würfel schneiden. Butter zerlassen, die Zwiebelwürfel darin glasig dünsten, die Tomatenwürfel hinzufügen, kurz mitdünsten lassen.
Crème fraîche hinzugeben, gut unterrühren, einmal aufkochen lassen, würzen und das Basilikum und die Kräuter unterrühren.

Von Roswitha Buchenberg, Rottach
Bild: Ulrike Finkenzeller

Zaziki

Zutaten:
1 kleine Salatgurke,
Salz,
1 bis 3 Knoblauchzehen,
1 TL Salz,
300 g Sahnejoghurt,
100 g Sahnequark,
3 EL Olivenöl

Die Salatgurke halbieren, entkernen und grob raspeln, mit Salz bestreuen, 10 Minuten stehen lassen, dann ausdrücken.
Knoblauchzehen mit 1 TL Salz fein zerdrücken.
Sahnejoghurt, Sahnequark, Olivenöl gut verrühren, Knoblauch und Gurke zugeben, mit Salz und Pfeffer abschmecken und mit Dill aufwerten.
Passt sehr gut zu Pellkartoffeln, zum gegrillten, als Dip.

Von Franziska Diebolder,
Lachen

Zaziki

Zutaten:
250 g Sahnequark,
200 g Crème fraîche,
200 g Frischkäse natur,
Salz,
Pfeffer,
Paprika,
3 bis 5 Knoblauchzehen,
3 Essiggurken,
1/2 Zwiebel,
Kräuter,
eventuell flüssige Sahne

Knoblauch schälen und zerkleinern. Essiggurken und Zwiebel klein schneiden und in eine Schüssel geben. Quark, Crème fraîche und den Frischkäse ebenfalls zugeben. Würzen. Alle Zutaten gut zusammenrühren. Sollte die Soße zu fest sein, kann man etwas flüssige Sahne zugeben. Nochmals gut durchrühren.
Die Soße sollte gut durchziehen.
Ich mag diese Soße sehr gerne, deshalb spare ich auch mit dem Knoblauch nicht. Was meine Mitmenschen ebenfalls schmecken können.
Paßt hervorragend zu Gyros, Steak, Raclette oder einfach zu Baguette.

Von Monika Hipp,
Stötten a. A.

Vegetarischer Hefeaufstrich

Zutaten:
2 Zwiebeln,
1 Würfel Hefe (40 g),
1/4 l Wasser,
50 g Vollkornmehl,
Kräutersalz,
Thymian,
Majoran,
Knoblauch,
50 g Butter,
1 Spritzer Obstessig

Die gewürfelten Zwiebel in Fett anschwitzen, Hefe darin auflösen, das Ganze mit Wasser und Mehl aufkochen.
Gewürze dazugeben und mit Butter und Obstessig abschmecken. Kalt stellen.

Von Gerlinde Felbermeier,
Unteregg

Vegetarischer Linsenaufstrich

Zutaten:
100 g Linsen,
1/4 TL Kümmel,
4 EL Olivenöl,
1 EL Schnittlauch,
1 TL Zitronensaft,
Kräutersalz,
etwas Senf,
Sojasoße,
Pfeffer

Linsen kochen und abseien. Die von oben genannten Zutaten zu den Linsen geben und alles pürieren. Kalt stellen.

Von Gerlinde Felbermeier,
Unteregg
Bild: Ulrike Finkenzeller

Zwiebeldip mit Gemüse

Zutaten:
2 Becher Schmand,
1 Becher Sahne,
1 Packung Zwiebelsuppe
Gemüse: 8 Karotten,
1 bis 2 Gurken,
3 Paprika, rot, gelb, grün

Schmand, Sahne und Zwiebelsuppenpulver gut verrühren. In zwei Schälchen füllen und 30 Minuten in den Kühlschrank stellen.
Karotten waschen und schälen. Gurke schälen. Paprika halbieren und Kerngehäuse entfernen. Karotten und Gurke in 10 cm lange Streifen schneiden, vierteln oder achteln. Paprikahälften auch in dünne Scheiben schneiden und alles auf einer Platte anrichten. Dazu eventuell Weißbrot-Baguettes reichen.
Gemüsestreifen in Zwiebeldip eintauchen und mit den Fingern essen. Eignet sich gut zu Wurst- oder Käseplatten, als Snacks zwischendurch.

Von Sandra Braun,
Kimratshofen

Salate

Bunter Lachssalat

Zutaten:
2 Stangen Lauch,
2 hartgekochte Eier,
200 g Gouda,
150 g Räucherlachs,
150 g gekochten Schinken,
1 rote Paprika
Marinade:
2 Becher Sauerrahm,
1 TL Senf,
2 EL Mayonnaise,
Salz, Pfeffer,
1 EL Weißweinessig,
Schnittlauch

Lauch in dünne Streifen, Eier in Scheiben, Gouda, Räucherlachs und Schinken in feine Streifen und die Paprika in Würfel schneiden.
Alle Zutaten zu einem Dressing verrühren, abschmecken (eventuell ohne Salz, wenn der Räucherlachs schon sehr salzig ist) und vorsichtig mit allen Zutaten mischen und ziehen lassen.
Gutes Gelingen!

Von Rosi Reichenbach,
Hub-Untrasried

Bunter Nudelsalat

Zutaten:
250 g Nudeln,
1 kleine Zwiebel,
2 bis 3 Essiggurken,
ca. 300 g Schinken oder Lyoner,
1 Doser Erbsen und Karotten,
1 Dose Mais,
3 bis 4 Eier,
Salz, Pfeffer,
etwas gekörnte Brühe,
1 Spritzer Tabasco,
1 bis 2 EL Essig,
1 bis 2 EL Öl,
2 bis 3 EL Mayonnaise,
1 EL Gewürzketchup

Nudeln nach Vorschrift kochen. Nach dem Kochen mit kaltem Wasser abschrecken. Die übrigen Zutaten in kleine Würfel und Streifen schneiden. Mayonnaise, Essig, Öl, Ketchup, Tabasco und gekörnte Brühe mischen. Mit Salz und Pfeffer abschmecken.
Den Salat mischen und ca. 15 Minuten ziehen lassen.

Von Anne Hefele, Obergünzburg und von Evi Rauh, Probstried
Bild: Gerlinde Hörmann

Bunter Reissalat

Zutaten:
125 g Reis,
2 Paprikaschoten (rot und gelb),
125 g gekochten Schinken,
1 Dose Mandarinen (ohne Saft),
125 g Miracel-Whip,
1 EL Zucker,
Salz

Reis in Salzwasser kochen und abtropfen lassen. Paprikaschoten in Würfel schneiden. Schinken in Streifen schneiden und Mandarinen grob zerkleinern. Alles zusammenmischen.
Miracel-Whip, Salz und Zucker gut verrühren und zu den anderen Zutaten mischen. Im Kühlschrank ca. 1 Stunde ziehen lassen.

Von Gertrud Haug,
Gschwend-Nesselwang

Bunter Tortellinisalat

Zutaten:
250 g Tortellini mit Fleischfüllung,
4 Tomaten,
1 Salatgurke,
1 rote und gelbe Paprikaschote,
1 Dose Mais,
150 g gek. Schinken,
150 g Emmentaler,
6 EL Öl,
6 EL Essig,
Salz, Pfeffer,
6 EL Miracel-Whip,
eventuell verschiedene Kräuter

Tortellini in Salzwasser bißfest kochen. Alle anderen Zutaten würfeln, in einer Schüssel mischen.

Salatsoße zubereiten und darübergießen. Tortellini dazugeben, alles mischen und durchziehen lassen.

Abkühlen lassen, eventuell nachwürzen.

Dazu paßt sehr gut Baguette oder Semmel.

Diesen Salat mache ich gern für Grillpartys oder andere Feste.

Von Claudia Hailand,
Taubental, Aitrang

Bunter Weißkohlsalat

Zutaten:
750 g Weißkohl,
200 ml Obstessig,
Salz, Zucker,
100 ml Öl,
weißer Pfeffer,
250 g Karotten,
1 Bund Lauchzwiebeln,
400 g säuerl. Äpfel,
Saft v. 1 Zitrone,
eventuell Kümmel

Weißkohl putzen, vierteln, den Strunk herausschneiden. Kohl in dünne Streifen schneiden oder hobeln. Essig mit Salz, Pfeffer und Zucker würzen, aufkochen lassen. Öl unterschlagen. Heiße Marinade über den Kohl gießen. Zugedeckt ca. 20 Minuten ziehen lassen.
Inzwischen Karotten schälen und fein hobeln, Lauchzwiebeln putzen und in Ringe schneiden. Äpfel putzen, vierteln, hobeln oder in kleine Stücke schneiden, mit Zitronensaft beträufeln. Alles unter den Kohl mischen, nochmals abschmecken und nach Geschmack mit Kümmel würzen.
Die Äpfel mit der Schale verwenden.
Dieses Rezept reicht für 10 Personen.

Von Betty Möschel,
Obertrogen-Weiler

Curry-Huhn-Reis-Partysalat

Zutaten:
1 Huhn (Suppenhuhn),
1 bis 2 Beutel Reis (Kochbeutel),
2 kleine Gläser Champignons,
1/2 großes Glas leichte Beluita (Mayonnaise),
1 TL Curry,
Salz, Pfeffer,
1 Brühwürfel

Huhn in 1/4 l Brühe im Schnellkochtopf unter Druck 10 bis 15 Minuten garen. Hühnerfleisch kleinschneiden und abkühlen lassen (keine Haut!).

Reis nach Vorschrift garen und auch auskühlen lassen. Dann 1 Beutel Reis mit den geschnittenen Champignons mischen, Beluita und Curry dazugeben, mit Salz und Pfeffer abschmecken. Dann eventuell noch Reis dazugeben (je nach Größe des Huhns).

Das Hühnerfleisch dazugeben und nicht mehr zu oft umrühren, da das Fleisch leicht auseinander fällt. Fertig!

Wer mag, kann noch Ananasstücke dazugeben! Soll es schnell gehen, kann man auch Hühnerbrust nehmen!

Von Yasmin Irmer-Ettensperger,
Oy-Mittelberg

Feinschmeckersalat

Zutaten:
3 grüne Paprikaschoten,
300 g Salami,
300 g gekochter Schinken,
4 hartgekochte Eier,
1 Glas Mixed Pickles (ca. 300 g),
3 Äpfel,
4 bis 5 Scheiben Ananas aus der Dose
Für die Marinade:
Mayonnaise,
3 EL Ananassaft,
Salz,
Pfeffer,
1 Prise Zucker
Mayonnaise:
2 frische Eigelb,
Salz,
2 TL Senf,
1/4 l gutes Öl,
2 EL Essig

Alle Zutaten in gleicher Temperatur bereitstellen. Eigelb mit den Geschmackszutaten salbig rühren (Mixer Küchenmaschine), Öl tropfenweise unterrühren.
Alle Zutaten in feine Streifen schneiden. Die Marinadezutaten in einem eigenen Gefäß gut verrühren und herzhaft abschmecken. Gut durchziehen lassen.
Schmeckt zum Abendessen; gut geeignet für ein kaltes Buffet.

Von Anni Demmeler,
Reichau

Festlicher Apfelsalat

Zutaten:
4 große säuerliche Äpfel,
2 EL Zitronensaft,
200 g Emmentaler,
200 g Schinken,
50 g grob gehackte Walnußkerne,
3 EL Crème fraîche oder Mayonnaise,
6 EL Joghurt,
1 TL Senf,
1 TL Meerrettich,
2 EL Apfelsaft oder Weinbrand,
Salz, Pfeffer, Zucker, eventuell ganz wenig Salz

Die Äpfel vierteln und in ganz feine Scheiben schneiden. Sofort mit Zitronensaft mischen. Den Käse und den Schinken in feine Streifen schneiden und mit den restlichen Zutaten unter die Äpfel mengen. Mit den Gewürzen pikant abschmecken.

Von Edeltraud Schmid, Leutkirch

Fischsalat

Zutaten:
250 g Quark,
10 EL Sahne,
1 Becher Crème fraîche,
2 große Äpfel,
1 Glas Lachsersatz,
1 ger. Makrele,
1 Glas Rollmöpse,
2 Tomaten,
Petersilie

Quark, Sahne und Crème fraîche miteinander verrühren. Die Äpfel raspeln und zur Quarkmasse geben.
Lachsersatz, Makrele, Rollmöpse, Tomaten und Petersilie schneiden und zur übrigen Masse geben.

Von Franziska Diebolder

Griechischer Salat

Zutaten:
1 Salatgurke,
250 g rote Gemüse-
zwiebel,
je 2 rote und grüne
Paprikaschoten,
100 g schwarze Oliven,
200 g frischen Schafs-
käse,
3 EL Essig,
6 EL Olivenöl,
2 EL Tomatenketchup,
Salz,
Pfeffer,
Edelsüßpaprika,
Speisewürze,
1 Knoblauchzehe,
1 Bund Petersilie

Die geschalte Gurke in Wurfel schneiden. Mit Zwiebelscheiben, Paprikastreifen, Oliven und zerbröckeltem Schafskäse mischen. In eine Salatsoße aus Essig, 2 EL Wasser, Öl, Tomatenketchup, Salz, Pfeffer, Paprika, Speisewürze, zerdrückter Knoblauchzehe und Petersilie geben.
Das Rezept mache ich gerne, wenn Gäste kommen, oder ich nehme den Salat mit auf ein Fest. Der Salat schmeckt frisch und ist leicht.

Von Margit Kimmerle,
Röthenbach

Gurken-Apfelsalat

Zutaten:
1 Gurke,
1 grüner Apfel,
1 Bund Schnittlauch,
6 Blatt Pfefferminze,
250 ml Sahne,
2 TL Apfelessig,
Salz,
weißer Pfeffer,
etwas Zucker

Gurke halbieren, Kerngehäuse herauskratzen, in Würfel schneiden, salzen und 10 Minuten ziehen lassen. Sahne halb steif schlagen.
Von der Gurke das Wasser abgießen und unter die Sahne heben.
Apfel ebenfalls in Würfel schneiden.
Schnittlauch in Röllchen, Pfefferminzblättchen in feine Streifen schneiden. Alles zusammen mit dem Apfelessig unter die Gurken-Sahne-Masse heben. Mit Salz, Pfeffer und Zucker abschmecken.

Von Marianne Brey,
Pfaffenwinkel, Memmingen

Heringssalat

Zutaten:
48 Salzheringe,
1 Becher Sahneheringe (mit Sahnesoße),
500 g gekochte Kartoffeln,
1/2 Glas rote Rüben (oder 2 Stück),
1/2 Glas Sellerie in Streifen (oder 1 Stück),
3 bis 5 Essiggurken,
2 Zwiebeln,
3 säuerliche Äpfel,
50 g Walnüsse,
500 g gebratenes, gegartes Kalbfleisch, kalt (zartes Schweine- oder Rindfleisch),
zum Garnieren hartgekochte Eier und Walnüsse

Marinade:
1 Becher Naturjoghurt,
etwas Mayonnaise,
Salz,
Zucker,
Pfeffer,
Essig

Alle Zutaten kalt und gewürfelt oder feingeschnitten in eine gut verschließbare Schüssel geben, mit der Marinade anmachen und einige Tage ziehen lassen.

Zutaten für die Marinade verrühren.

Tipp: Schmeckt als Vorspeise mit hellem Brot oder zum Vesper sehr gut und darf bei uns nie fehlen. Für eine Silversterparty sehr gut geeignet!

Von Monika Fluhr,
Kramers-Bad Wurzach

Käsesalat

Zutaten:
200 g junger Gouda in Scheiben,
1 Bund Radieschen,
1 säuerlicher Apfel,
2 hart gekochte Eier,
3 kleine Gewürzgurken
Für die Salatsauce:
1 Becher Crème fraîche (150 g),
1 EL Senf,
6 EL Gewürzgurkenflüssigkeit,
Salz,
etwas Zucker,
frisch gemahlenen Pfeffer,
1 EL gemischte, gehackte Kräuter

Die Käsescheiben in kleine Quadrate schneiden. Radieschen putzen, waschen und in Scheiben schneiden. Apfel schälen, vierteln, entkernen und würfeln. Eier pellen und in Scheiben schneiden. Gewürzgurken in Scheiben schneiden.
Für die Salatsauce Crème fraîche mit Senf, Gurkenflüssigkeit, Salz, Zucker, Pfeffer und Kräutern verrühren, vorsichtig mit den vorbereiteten Salatzutaten vermengenund einige Zeit durchziehen lassen.
Den Salat vor dem Servieren eventuell nochmals abschmecken.

Von Maria Kuhn,
Unterhaslach-Ottobeuren
Bild: Sylvia Weixler

Katzagschroi

Zutaten:
500 g gekochtes Rindfleisch (Suppenfleisch),
2 große Zwiebeln,
1 Apfel,
1 gelbe Paprikaschote,
1 grüne Paprikaschote,
1 Bund Schnittlauch,
Für die Vinaigrette:
5 EL Öl,
3 EL Essig,
Saft von 1/2 Zitrone,
Salz,
schwarzer Pfeffer, frisch gemahlen,
1 Prise Zucker, nach Geschmack

Das Fleisch in schmale Streifen schneiden. Die Zwiebeln schälen und in dünne Ringe schneiden. Den Apfel schälen, vom Kerngehäuse befreien, in Stifte schneiden und mit Zitronensaft beträufeln. Paprikaschoten kalt abbrausen, halbieren, die Kerne und die weißen Trennwände entfernen. Die Häflten in feine Streifen schneiden. Den Schnittlauch waschen, trocknen, schütteln und in Röllchen schneiden. In einer großen Schüssel alles miteinander vermengen. Das Öl mit dem Essig und dem Zitronensaft verrühren. Die Soße mit Salz, Pfeffer und Zucker würzen. Über den Salat gießen und alles gründlich durchmischen. Den Salat zugedeckt im Kühlschrank etwa 30 Minuten ziehen lassen.

Von Rudolf Buhmann,
Lindau

Kraut in Sahne

Zutaten:
200 g süße Sahne,
Essigessenz,
Zucker,
Orangensaft und Zitronensaft frisch gepresst,
Apfelsaft,
1 kleine Dose Ananas in Stücken,
Menge Weißkraut nach Belieben

Aus süßer Sahne, Essigessenz und Zucker Dressing rühren, dann etwas Orangensaft, Zitronensaft und Apfelsaft dazugeben. So süßlich abschmecken.
Mit dem gehobelten Kraut verkneten, dann 1 Dose Ananas in Stücke (eventuell noch etwas kleiner schneiden) dazugeben. Nochmals abschmecken.
Schmeckt „super!!"

Von Evi Fischer,
Aitrang

Lauchsalat

Zutaten:
3 Stangen Lauch,
4 hartgekochte Eier,
3 Äpfel,
2 Dosen Mais,
4 Gewürzgurken,
100 g gek. Schinken,
1 Glas Miracel-Whip

Lauch in kleine Streifen schneiden. Eier, Äpfel, Gurken und Schinken in kleine Würfel schneiden. Alle Zutaten in eine Schüssel geben (ein wenig Gurkenwasser dazugießen). Gut durchmischen und ca. 5 Stunden ziehen lassen. Fertig.

Von Sabine Huber,
Baisweil
Bild: Sylvia Weixler

Mexicosalat

Zutaten:
500 g Leberkäse,
1 kleine Dose Erbsen und Karotten,
1 Dose Mais,
1 rote und 1 gelbe Paprika,
5 bis 6 Essiggurken,
2 x Mexicanische Grillsoße

Leberkäse, Paprika und Essiggurken in kleine Würfel schneiden, alle anderen Zutaten dazugeben, einige Stunden durziehen lassen.
Dieser Partysalat schmeckt meinen Gästen immer besonders gut!

Von Margit Angerhofer, Bernbeuren

Miesbacher Käsetopf

Zutaten:
2 bayer. Romadur,
300 g Leberkäse,
100 g Remoulade,
100 g Sahne,
2 Gewürzgurken,
1 Zwiebel,
Salz, Pfeffer,
1/2 TL Senf,
1 TL Kümmel,
1/2 Bund Schnittlauch,
Zwiebelringe,
Petersilie

Romadur mit dem Messerrücken abziehen und in dicke Stifte schneiden, ebenso den Leberkäse, beides gut miteinander vermengen. Remoulade und Sahne verquirlen, kleingehackte Gurke und Zwiebel hinzufügen, mit Salz, Pfeffer und Senf pikant abschmecken.
1 Stunde ziehen lassen. Vor dem Servieren mit Kümmel und fein gwiegtem Schnittlauch überstreuen sowie Zwiebelringe, in feingewiegter Petersilie gewälzt, obendrauf legen.

Von Erika Biechteler,
Woringen

Nudelsalat

Zutaten:
250 g Gabelspaghetti,
1 kleine Dose Erbsen,
1 kleine Dose Mais,
1 grüne Paprika,
3 Essiggurken,
1 Zwiebel,
300 g gekochten Schinken,
Salz, Pfeffer, Dill,
Essig, Öl

Nudeln kochen, Paprika, Zwiebel, Essiggurken, Schinken klein schneiden und würfeln. Erbsen und Mais dazumischen. Mit Salz, Pfeffer, Dill, Essig und Öl würzen. Gut durchmischen.
Dazu schmeckt Weißbrot oder Vollkornsemmel.

Von Maria Osterried,
Roßmoos-Stötten

Rohkostsalat

Zutaten:
2/3 Karotten,
1/3 saftige säuerl. Äpfel,
eventuell 2 Orangen in Stücken,
1 Orange auspressen,
2 bis 3 Stück Zitronensaft,
etwas Zucker,
100 g Mandeln

Obst und Karotten waschen, schälen und fein reiben (in Streifchen). Zitronen auspressen, über die Äpfel gießen. 1 Orange auspressen und über die geriebenen Karotten geben und mit Zucker abschmecken. Die Mandelblättchen mit etwas Zucker goldgelb rösten und bis auf wenige zum Garnieren zum Obst geben. Alles untereinander heben und in Portionsschälchen geben und garnieren mit Orangenscheiben und Mandeln!
Eine beliebte Vorspeise, weil sie sehr vitaminreich und kalorienarm ist und herrlich schmeckt. Wer ihn nicht roh will, lässt die Rote Rübe weg. Auch als Nachspeise mit einem Klacks Sahne sehr fein!

Von Monika Fluhr,
Kramers-Bad Wurzach

Salattorte

Zutaten:
1 grüner Salat,
1 kleine Salatgurke,
2 Zwiebeln,
1 kleine Stange Lauch,
5 hartgekochte Eier,
1 gelbe Paprika,
3 Tomaten,
150 g gekochten Schinken,
150 g Gouda,
1 Dose Thunfisch
Salatsoße:
1/2 Glas Miracel-Whip,
3 Becher Naturjoghurt,
2 Becher Sahne,
Salz, Pfeffer,
Zucker, Maggi,
2 Knoblauchzehen (zerdrückt),
Petersilie,
Schnittlauch

Tortenring auf eine Platte stellen.
Alle Zutaten und zwischendurch Salat einschichten.
Einige Stunden gut gekühlt ziehen lassen.
Tortenring entfernen und mit Elektromesser schneiden.
Schmeckt ausgezeichnet und sieht optisch hervorragend aus!

Von Barbara Rößle,
Weibletshofen-Marktoberdorf
und von Margit Brugger,
Sulzschneid

Schichtsalat

Zutaten:
1 Glas Selleriesalat,
200 g gekochter Schinken,
4 Tomaten,
4 hartgekochte Eier,
1 Dose Maiskörner,
1 Dose Ananas,
2 kleine Äpfel,
eventuell etwas Zitronensaft,
1 Glas Miracel-Whip,
1 Becher Sahne,
2 Bund Frühlingszwiebeln

Selleriesalat, Mais und Ananas abtropfen lassen.
Schinken würfeln, hartgekochte Eier in Scheiben schneiden, Äpfel würfeln (Zitronensaft beträufeln), Tomaten würfeln.
Die vorbereiteten Zutaten der Reihe nach schichtweise in eine große Schüssel geben. Das Glas Miracel-Whip mit dem Becher Sahne gut vermischen und über den Salat gießen. Die Frühlingszwiebeln in dünne Scheiben schneiden und über den Salat verteilen.
Diesen Salat unbedingt einen Tag vorher zubereiten, damit er gut durchziehen kann.

Von Isabella Schreiber, Rottenbuch, Angela Schütz, Rinnebühl-Leutkirch, Veronika Diem, Wangen-Leupolz, Ingrid Rekklau, Herbishofen-Lachen und Monika Huber, Oberrieden
Bild: Anke Wirth

Salat mit Kräutern

Zutaten:
1 Kopfsalat,
1 Eisbergsalat,
1 Tomate,
1 Karotte,
1 kleine Zwiebel,
1 Knoblauchzehe,
4 bis 6 Blätter Ruccula,
1 EL Pimpinelle,
1 EL Petersilie,
1 EL Schnittlauch,
3 EL Olivenöl,
3 EL Essig,
1 Prise Salz,
Pfeffer,
etwas Zucker,
Brühe,
1 EL Sahne

Den Kopfsalat, den Eisbergsalat, die Tomate und die verschiedensten Kräuter waschen. Die Zwiebel und den Knoblauch häuten, die Zwiebel in feine Würfel schneiden oder in ganz feine Scheiben. Den Knoblauch pressen. Die Karotte waschen und schälen. Anschließend in kleine Würfel schneiden.
Den gewaschenen Ruccula in feine Streifen schneiden. Die restlichen Kräuter waschen und mit einem Wiegemesser fein wiegen. Den Salat mit den Kräutern in eine Schüssel geben und zudecken. Für die Marinade das Öl, den Essig, die Sahne und die Gewürze in einen Schüttelbecher geben. Das Ganze in dem Becher verschütteln. Die Marinade gut abschmecken und eventuell verbessern. Die Marinade erst kurz vor dem Verzehr über den gemischten Salat gießen. Als Garnitur kann man geröstete Brotwürfel dazu reichen. Der Salat kann außerdem mit Putenstreifen und Mais verfeinert werden. Für den Sommer mal ein leichtes und schnelles Gericht.

Von Sabine Glogger,
Linggen-Durach

Spaghettisalat

Zutaten:
200 g Spaghetti,
400 g gegarte Putenbrust (kann auch weggelassen werden),
200 g Emmentaler Käse,
2 gelbe Paprikaschoten,
2 Bund Radieschen,
4 Tomaten,
2 hartgekochte Eier,
4 EL Crème fraîche,
1 Becher Magerjoghurt,
3 EL Tomatenketchup,
1 Spritzer Tabascosauce,
1 EL Weinessig,
1/4 TL Salz,
1/2 TL Paprikapulver, edelsüß,
2 EL Schnittlauchröllchen

Die Spaghetti ein- bis zweimal brechen, in 3 l kochendes Salzwasser geben und in 10 bis 12 Minuten darin garen. Dann in einem Sieb kalt abbrausen und abtropfen lassen.
Die Putenbrust in gleich dicke Streifen schneiden. Den Käse in dünne Stifte schneiden. Die Paprikaschote halbieren, von Rippen und Kernen befreien, waschen und in Streifen schneiden. Die Radieschen waschen, abtrocknen und achteln.
Die Eier schälen und in Scheiben schneiden.
Alles locker in einer Schüssel mischen. Die Spaghetti dazugeben.
Die Crème fraîche mit dem Joghurt, dem Tomatenketchup, der Tabascosauce, dem Essig, dem Salz und dem Paprikapulver verrühren. Den Salat anmachen und mit dem Schnittlauch bestreuen.

Von Martina Beurer,
Untereichen

Kleingebäck

Blätterteig-Allerlei

Zutaten:
Kringel:
7 Scheiben Blätterteig,
1 Zwiebel,
1 Knoblauchzehe,
2 Eier,
125 g Brät,
1 TL Senf
Schinken-Stangen:
7 Scheiben Blätterteig,
1/2 Glas Pesto,
7 Scheiben roher Schinken,
1/2 Glas Tomaten,
1 Ei
Pastetchen:
7 Scheiben Blätterteig,
1 Ei,
Fleischsalat o. ä.

Kringel:

Zwiebel und Knoblauch hacken. Mit 1 Ei, Brät und Senf mischen. Auf die Blätterteigscheiben streichen. Zwei Seiten zur Mitte aufrollen, mit Ei zusammenkleben, in ca. 2 cm dicke Scheibchen schneiden, diese mit Ei bestreichen und bei 200 Grad goldgelb backen.

Schinken-Stangen:
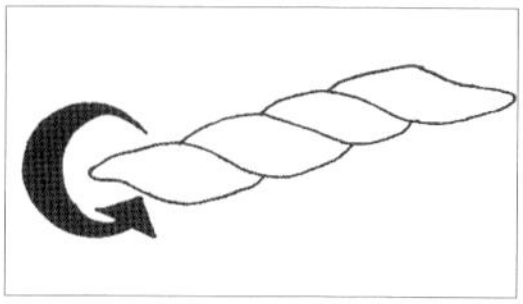
Blätterteig mit Pesto bestreichen und halbieren. Schinken und Tomaten darauflegen. Teig aufrollen und verzwirbeln. Mit Ei bestreichen und bei 200 Grad goldgelb backen.

Pastetchen:
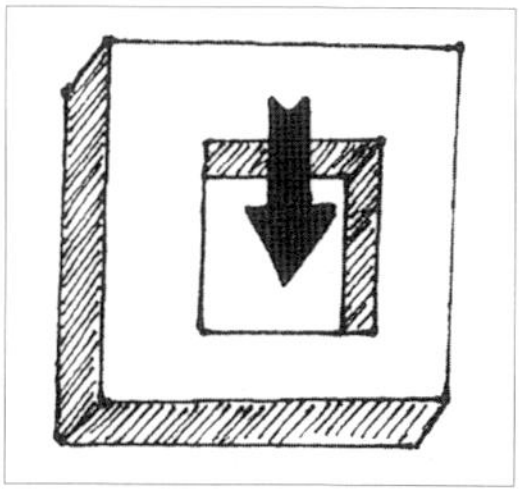
Teigscheiben vierteln, bei der Hälfte die Mitte ausstechen. Rahmen mit Ei auf die anderen Platten kleben und mit Ei bestreichen. Bei 200 Grad goldgelb backen und mit Fleischsalat füllen.

Von Anne Jäger,
Ungerhausen

Blätterteigtaschen pikant

Zutaten:
300 g Tiefkühl-Blätterteig,
150 g Schinken,
150 g Emmentaler oder Gouda,
1 Dose Pilze,
1 Paprika,
1 Tomate,
1/2 Dose Mais (klein),
1 kleine Zwiebel,
Salz,
Pfeffer,
2 EL Crème fraîche,
1 bis 2 Eigelb

Blätterteig auftauen lassen. Schinken, Käse, Pilze, Paprika, Tomate und Zwiebel in kleine Würfel schneiden und in eine Schüssel geben. Mais zugeben und mit Salz und Pfeffer würzen. Crème fraîche unter die Zutaten mischen. Den Blätterteig auf einer bemehlten Arbeitsfläche ausrollen. Je nach gewünschter Größe der Taschen zurechtschneiden. Die Masse darauf verteilen. Falls vorhanden den Blätterteig mit dem „Roulette" von Vemmina einschneiden und zusammenklappen (auch mit einem Messer möglich). Auf dem Blech die Taschen mit Eigelb einpinseln.
Im Backofen bei 200 Grad ca. 25 bis 30 Minuten backen.
Gutes Gelingen!

Von Claudia Mayr,
Munzenried/Aitrang

Blätterteig-Pizza-Taschen

Zutaten:
1 Packung (450 g) Tiefkühl-Blätterteig,
1 Ei,
2 Fleischtomaten,
50 g Kochschinken,
50 g Salami,
50 g ganze Champignons,
2 Frühlingszwiebeln,
200 g geriebener Käse,
Oregano

Blätterteig in 10 Quadrate teilen. Auftauen lassen. Ei trennen und Teigränder mit Eiweiß bestreichen. Tomaten putzen, waschen und grob würfeln. Kochschinken und Salami würfeln. Champignons abtropfen lassen. Zwiebeln putzen, waschen und in Ringe schneiden. 50 g geriebenen Käse mit Gemüse und Wurst mischen, mit Oregano abschmecken. Die Füllung auf den Blätterteig verteilen, jeweils zwei gegenüberliegende Ecken zusammenklappen und fest andrücken. Pizza-Taschen außen mit verquirltem Eigelb bestreichen und auf ein mit Backpapier ausgelegtes Blech legen, mit restlichem Käse bestreuen. Im vorgeheizten Herd bei 200 Grad ca. 15 bis 20 Minuten backen.
Für ein gemütliches Zusammensein mit Freunden bei einer guten Flasche Wein.

Von Barbara Löcherer,
Lengenwang
Bild: Gabi Striegl

Brötchen „Isabell“

Zutaten:
8 halbe Semmeln,
125 g Camembert,
100 g Salami,
3 Zwiebeln,
1 Dose Champignons,
2 rohe Eier,
Pfeffer,
Curry,
Zucker

Camembertwürfel, Salamistreifen, gehackte Zwiebeln und Champignonscheibchen mit Eiern und Gewürzen mischen.
Die Masse auf die halbierten Semmeln streichen und im vorgeheizten Backofen ca. 10 bis 15 Minuten bei 200 Grad backen.
Beilage: Salat

Von Hildegard Breher,
Gösers-Buchenberg

Brotzeithappen

Zutaten:
200 g Emmentaler,
200 g Schinken roh oder gekocht
1 Zwiebel,
150 g Butter,
1 bis 2 Eier,
Knoblauch,
Salz,
Pfeffer,
Petersilie,
Saft von 1/2 Zitrone,
Toastbrot oder Baguette

Alle Zutaten klein schneiden, in einer Schüssel zusammenmischen. In der Zwischenzeit die Zwiebel mit der Butter andünsten. Danach zu den anderen Zutaten geben, würzen und durchmischen. Die Masse auf das Toastbrot streichen und überbacken.
Bei 200 Grad ca. 10 Minuten
Die Brote können super ein paar Stunden vorher zubereitet werden.

Von Monika Hipp,
Stötten a. A. (großes Bild),
Anneliese Schädler,
Heimenkirch-Wolfertshofen
(kleines Bild), und von
Claudia Hane,
Weiler-Simmerberg

Champignons mit Mett

Zutaten:
8 bis 12 Champignon-köpfe,
Saft einer Zitrone,
250 g Schweinemett,
2 Zwiebeln,
Salz, Pfeffer,
Pfefferkörner,
1/2 Tasse frisch gehackte Kräuter,
einige Tropfen Weinbrand,
Kräuterzweige und gehackte Essiggurken zum Garnieren

Champignons waschen, Stiele herausnehmen, mit Zitronensaft beträufeln. Schweinemett, die gehackten Champignon-Stiele, die gewürfelten Zwiebel mischen. Das Mett würzen, die gehackten Kräuter untermischen und mit Weinbrand aromatisieren.
Das Mett gleichmäßig in die Champignonköpfe füllen. Mit Kräutern und Essiggurken garnieren und servieren.
Etwas Besonderes, das man nicht auf jedem Tisch findet. Gut zum Vorbereiten, wenn Gäste kommen.

Von Michaela Epple,
Leuterschach

Eierkroketten mit Kräutercreme

Zutaten:
200 g Kartoffeln,
5 Eier,
80 g Schinken,
50 g ger. Käse,
2 rohe Eier,
1 EL gehackte Petersilie,
1 TL Salz,
1/4 TL Pfeffer,
2 bis 3 EL Semmelbrösel
Für die Soße:
4 EL Crème fraîche,
2 EL Mayonnaise,
1 TL Zitronensaft,
Pfeffer,
Salz,
1 EL gehackte Petersilie

Kartoffeln kochen, schälen, in einer Schüssel mit der Gabel fein zerdrücken. Eier hart kochen, schälen, in kleine Würfel hacken, zu den Kartoffeln geben. Den Schinken fein würfeln und dazugeben. Käse, Eier und Petersilie zugeben und mit Salz und Pfeffer abschmecken. Aus dem Teig gut daumendicke Rollen von 5 cm Länge formen, diese in Semmelbrösel wenden und in einer Pfanne im heißen Fett oder in der Friteuse ausbacken.

Für die Soße:
Crème fraîche in eine kleine Schüssel geben und Mayonnaise, Zitronensaft, Pfeffer, Salz und Petersilie dazugeben, gut abschmecken und zu den Kroketten in einer kleinen Schale reichen.
Die Kroketten schmecken warm und kalt.
Ein gutes Rezept für ein Buffet.

Von Barbara Steinle,
Lautrach

Fischkugeln mit Teufelssoße

Zutaten:
1 Packung Fischfilet
ca. 400 g,
etwas Zitronensaft,
2 alte Semmeln,
1 große Zwiebel,
1 Knoblauchzehe,
1 Ei,
1 EL gehackte Petersilie,
2 EL Senf,
1 TL Salz,
1 TL Paprikapulver,
6 Tropfen Tabasco,
1 Dose Maiskörner
Für die Soße:
4 EL Ketchup,
4 EL Öl,
1 bis 2 EL Essig,
1/2 TL Selleriesalz,
1/2 TL Curry,
1 TL Paprika,
6 Tropfen Tabasco,
1 Messerspitze Zimt,
1 Prise Zucker

Fisch mit Zitronensaft einreiben. Semmeln in kaltem Wasser einweichen, anschließend gut ausdrücken. Den Fisch mit Semmeln, Zwiebel und Knoblauchzehe durch den Fleischwolf drehen. Restliche Zutaten unter die Fischmasse arbeiten. Bei zu weichem Teig eventuell noch Semmelbrösel zugeben. Aus dem Teig kleine Kugeln formen, in Semmelbrösel wenden. In schwimmendem Fett ausbacken (am besten in der Friteuse bei 170 Grad). Je nach Größe zwischen 5 und 8 Minuten. Auf Küchenkrepp abtropfen lassen. Die Kugeln schmecken warm und kalt.

Für die Soße Ketchup mit Öl gut abrühren, danach die anderen Zutaten unterrühren.

Dieses Rezept eignet sich gut für ein kaltes Buffet.

Von Barbara Steinle,
Dilpersried/Lautrach

Französisches Hackfleischbrot

Zutaten:
1 Stange Weißbrot,
400 g Hackfleisch,
1 rote Paprikaschote,
125 g Emmentaler Käse,
2 Eier,
1 große Zwiebel,
Salz,
Pfeffer,
Paprika,
Knoblauchpulver,
etwas Butter

Brot halbieren und mit Butter bis zum Rand bestreichen. Paprika, Käse und Zwiebel würfeln, mit Hackfleisch und Eier vermischen.
Hackfleischmase auf das Brot streichen.
30 bis 45 Minuten bei 200 Grad backen.
Für Partys gut geeignet, da man es vorher herrichten kann.

Von Marianne Mösle,
Überbach-Dietmannsried

Frischkäse-Kräcker

Zutaten:
1 Beutel Kräcker,
1 Becher Philadelphia-Frischkäse,
Salz,
Pfeffer,
Zwiebel-Granulat,
Paprika,
Curry,
1 Kiwi

Frischkäse mit allen Gewürzen gut vermengen und in Tortenspritze einfüllen.
Kräcker mit geviertelten Kiwi-Scheiben belegen und jeweils einen Tuff Käse daraufspritzen.

Von Brigitte Eggensberger,
Ottobeuren

Gefüllte Blätterteigtaschen

Zutaten:
300 g Blätterteig (frisch oder tiefgek.)
Für die Füllung:
4 kleine Scheiben Fleischkäse,
1 Karotte,
1/2 Paprikaschote,
100 g Brokkoli oder anderes Gemüse,
100 g gek. Schinken,
100 g Salami,
1 Essiggurke,
120 g Emmentaler ger.

Gemüse waschen und putzen, Karotte, Paprikaschote fein würfeln. Danach mit Brokkoli (in ganze Röschen) kurz in Salzwasser 3 Minuten kochen. Dann abgießen und abtropfen lassen. Nun den Brokkoli klein schneiden. Alles zusammenmischen.
Blätterteig in 4 Rechtecke teilen. Gemüse auf eine Blätterteighälfte geben. Fleischkäse darauflegen und mit Gemüse bedecken. Die andere Blätterteighälfte (bzw. Netz) darüberschlagen. Taschen mit Eigelb und 1 TL Milch bestreichen. Die Blätterteigtaschen mit Kräuter bestreuen und auf ein Backblech (belegt mit Backpapier) geben. Im vorgeheizten Backofen bei 200 Grad ca. 25 Minuten goldbraun backen.

Von Johanna Scholz,
Krottenhill/Ingenried

Gefüllte Brezen

Zutaten:
4 Brezen,
4 Scheiben Schinken,
4 Scheiben Emmentaler,
nach Bedarf Butter

Brezen aufschneiden, eventuell mit Butter bestreichen, Schinken in Streifen und Emmentaler in Scheiben darauflegen.
Danach den Deckel von der Breze drauf und ab in den Ofen.
150 bis 180 Grad ca. 10 Minuten backen.
Sehr schnell gemacht, wenn Besuch kommt.

Von Marianne Uhlemayr,
Wohlmuts-Probstried

Gefülltes Brot

Zutaten:
2 frische, kurze Baguettes,
Füllung:
150 g weiche Butter,
150 g Doppelrahmkäse,
2 EL Tomatenmark,
2 EL Remoulade oder Mayonnaise,
200 g gekochten Schinken,
80 bis 100 g Lauch,
Kräuter (Schnittlauch, Petersilie),
2 Gewürzgurken,
Salz,
Pfeffer,
Paprika

Das Weißbrot in der Mitte senkrecht teilen und etwas aushöhlen.
Für die Fülle den Butter, Doppelrahmkäse, Tomatenmark, Remoulade zu einer glatten Creme verrühren. Den Schinken, Lauch und die Essiggurken kleinschneiden und in die Creme geben.
Das Ganze mit Kräuter und Gewürzen gut abschmecken. Die Fülle mit einem Löffel in das Brot streichen und gut in Alufolie wickeln. Im Kühlschrank mindestens 3 Stunden kalt stellen.
Vor dem Servieren in Scheiben schneiden.
Das Brot kann man schon sehr gut 1 Tag vorbereiten.

Von Gisela Meichelböck, Bidingen

Gefülltes Brot

Zutaten:
2 Ciabatta,
150 g Fleischwurst oder Schinkenwurst am Stück oder was man im Kühlschrank übrig hat,
200 g Brokkoliröschen oder Lauch,
5 Eier,
5 EL Schlagsahne,
Salz,
Pfeffer,
1/2 TL Thymian,
1/2 TL Basilikum,
75 g geriebener Käse (Parmesan oder Emmentaler)

Von den Broten je einen Deckel abschneiden, die Krümel herauslösen. Fleischwurst oder Schinkenwurst in kleine Würfel schneiden. Brokkoli waschen. Eier mit Sahne verquirlen, mit Salz und Pfeffer würzen. Thymian und Basilikum dazugeben. Fleischwurst, Brokkoliröschen und Käse vermengen. In die ausgehöhlten Brote geben, mit der Eiermilch übergießen. Die Deckel auf die Brote setzen. Im vorgeheizten Ofen bei 175 Grad oder 165 Grad Umluft 25 bis 30 Minuten backen. In Scheiben schneiden.
Das Brot schmeckt auch kalt.
Wenn man überraschend Besuch hat, sind die Brote schnell hergezaubert. Ich habe immer Brot tiefgefroren und man kann hervorragend Reste verwerten für die Füllung (verschiedene Wurst, Gemüse, Käse usw.).
4 bis 6 Personen

Von Illian Zeller,
Unterthalhofen

Gefüllte Gurken

Zutaten:
2 Gurken,
2 Becher Frischkäse,
1 rote Paprika oder 1 kleine Glas Tomatenpaprika,
2 Karotten,
Dill

Gurken halbieren und aushöhlen. Karotten und Paprika in kleine Würfel schneiden und mit Frischkäse und Dill verrühren. Im Ofen 30 Minuten bei 200 Grad backen.

Von Anne Jäger,
Ungerhausen
Bild: Gerlinde Hörmann

Gefüllte Seelen

Zutaten:
1 Seele,
200 g Fleischwurst oder Leberkäse,
200 g geriebener Emmentaler,
100 g Essiggurken,
150 g Mayonnaise

Die Seele der Länge nach aufschneiden und eventuell etwas aushöhlen.
Die Wurst und die Essiggurken kleinscheiden, zusammen mit dem geriebenen Käse in eine Schüssel geben. Die Mayonnaise dazumischen.
Die Seelenhälften damit füllen und auf ein mit Backpapier belegtes Backblech legen und bei 180 Grad ca. 30 Minuten überbacken.
Eine Seele reicht für 1 bis 2 Personen, wenn Gäste kommen kann die Menge beliebig vermehrt werden.

Von Monika Bernhard,
Nasengrub-Lauben

Grünkerntaler

Zutaten:
200 g Grünkern,
400 ml Gemüsebrühe,
1/2 Stück Lauch,
3 Karotten,
1 Zwiebel,
1 Zucchini,
3 Eier,
80 g Semmelbrösel
100 g geriebener Emmentaler

Grünkern über Nacht in der Brühe einweichen, kochen, auskühlen lassen.
Gemüse schneiden, Lauch, Karotte und Zwiebel andünsten. Grünkern, kaltes Gemüse, Zucchini, Eier und Semmelbrösel mischen. Mit Salz, Pfeffer und Knoblauch würzen. In heißem Fett Taler ausbacken, mit Käse gratinieren.
Dazu schmeckt Joghurt-Kräuter Dip und Salat.

Von Birgit Steuer,
Kaufbeuren
Bild: Sabine Buchmann

Hack-Champignon-Baguette

Zutaten:
1 Zwiebel,
2 EL Öl,
350 g gemischtes Hackfleisch,
1 Ecke Schmelzkäse,
3 EL Ketchup,
Salz,
Pfeffer,
100 g Champignons,
200 g Salatgurke,
2 kleine Baguettes,
50 g Käse

Zwiebel in Öl andünsten, Hack zufügen und krümelig braten. Schmelzkäse und Ketchup zufügen und unterrühren. Mit Salz und Pfeffer pikant abschmecken.
Champignons und Gurke waschen und in Scheiben schneiden. Champignons unter das Hackfleisch mischen.
Baguettes halbieren, auf das Backblech setzen und mit den Gurkenscheiben belegen. Darauf die Hackmischung verteilen.
Den Käse darüberstreuen und bei 200 Grad ca. 10 Minuten im Backofen überbacken.
Schmeckt sehr gut und geht sehr schnell.
Auch abends wenn Gäste kommen.

Von Cilli Heckelsmiller, Kaltbronn-Legau und von Angela Schütz, Rinnebühl-Leutkirch
Bild: Gerlinde Hörmann

Hackfleischschnecken

Zutaten:
1 Packung Tiefkühlblätterteig,
500 g Hackfleisch,
1 Ei,
Zwiebel,
Petersilie,
Salz,
Pfeffer,
Paprika,
Senf

Fleischteig bereiten. Blätterteig zu einer großen Platte dünn auswellen, mit etwas Öl bestreichen. Fleischteig darauf verteilen und gut verstreichen.
Zu einer Rolle aufrollen und ca. 2 cm dicke Stücke schneiden.
Flachdrücken und auf ein mit Backfolie belegtes Backblech legen.
Bei 175 bis 200 Grad ca. 20 bis 30 Minuten backen.
Salate dazu reichen.

Von Rita Wiedemann,
Hohenschlau-Breitenbrunn

Heiße Seelen

Zutaten:
2 Seelen,
150 g Schinken,
150 g geschnittener Käse,
1 Tomate,
1/2 Gurke,
Remoulade (je nach Geschmack),
Knoblauch-Granulat,
Butter

Seelen teilen, untere Hälfte mit Butter bestreichen, mit Schinken belegen. Je nach Geschmack mit Remoulade bestreichen. Darauf Tomaten- und Gurkenscheiben verteilen und Käse darüber legen. Die obere Hälfte der Seelen ebenfalls mit etwas Remoulade bestreichen und mit ein wenig Knoblauch-Granluat würzen.
Die Seelen wieder zusammenlegen und ca. 5 Minuten im vorgeheizten Backofen bei 180 Grad überbacken.

Von Anne Jäger,
Ungerhausen
Bild: Angela Beutel

Käsegebäck

Zutaten:
250 g Mehl,
160 g fein geriebener Emmentaler Käse,
1 Ei,
etwas Salz und Pfeffer,
160 g Butter
Zum Bestreichen:
1 Eigelb,
etwas Kondensmilch,
40 g geriebener Käse,
Salz, Pfeffer, Kümmel

Von Ottilie Kees,
Frankenhofen
Bild: Brigitte Wiedemann

Mehl, feingeriebener Käse, Ei, Butter, Salz und Pfeffer zu einem Knetteig verarbeiten. Dünn auswallen und in Rautenform 1 cm breit und 4 cm lang ausradeln. Auf ein mit Backpapier belegtes Blech legen.
1 Eigelb mit 1 EL Kondensmilch verrühren, die Plätzchen damit bestreichen. Wenig Salz, Pfeffer, Kümmel und den geriebenen Käse darüberstreuen und goldgelb backen.
Dazu genießt man ein Glas Weißwein an einem gemütlichen Partyabend.
Viel Erfolg!

Käse-Schinken-Hörnchen

Zutaten:
125 g Speisequark,
4 EL Milch,
1 Ei,
1 gestrichener TL Salz,
4 EL,
300 g Weizenmehl,
1 Packung Backpulver,
Für die Füllung:
10 Scheiben gekocht Schinken,
10 Scheiben Gouda-Käse,
Dosenmilch

Quark, Milch, Ei, Öl, Salz miteinander verrühren. Backpulver und die Hälfte des Mehls unter den Quark rühren, den Rest des Mehls unterkneten, den Teig ausrollen, 10 Quadrate von etwa 12 x 12 cm schneiden, in Dreiecke schneiden. Schinken und Käse in Größe der Dreiecke schneiden, jedes Teigdreieck mit je 1 Käse- und Schinkenscheibe belegen.
Die Teigecken zu Hörnchen aufrollen, auf ein gefettetes Backblech legen und mit Dosenmilch bestreichen. Backofen vorheizen, bei 175 bis 200 Grad ca. 20 Minuten backen.

Von Anni Demmeler,
Reichau

Käse-Schinken-Muffins

Zutaten:
50 g Butter,
2 Eier,
1 TL körnige Brühe (beispielsweiseGefro),
1 Becher Joghurt (150 g) natur,
220 g Mehl,
3 TL Backpulver,
3 Scheiben gekochten Schinken,
50 g Champignons,
1 Bund Schnittlauch,
5 EL geriebenen Käse

Butter schaumig rühren, restliche Zutaten unterrühren (Schinken fein gewürfelt, Champignons fein gehackt, Schnittlauch in feine Röllchen geschnitten) und in Muffin-Förmchen ca. 20 Minuten bei Mittelhitze im Rohr backen.
Diese Muffins schmecken sehr gut zu einer pikanten Suppe (beispielsweiseGulaschsuppe).

Von Barbara Schiegg,
Mussenhausen
Bild: Sylvia Weixler

Käseschnecken

Zutaten:
Teig:
400 g Mehl,
1 TL Salz,
1/2 TL Zucker,
80 g weiche Butter,
25 g Hefe,
200 ml Milch lauwarm
Füllung:
200 g Frischkäse oder Kräuterfrischkäse,
1 EL Sahne,
4 EL gemischte Kräuter,
100 g Schinkenspeckwürfel,
150 g Emmentaler
Zum Bestreichen:
2 EL Sahne

Aus den Teigzutaten einen Hefeteig herstellen. Hefeteig 30 Minuten gehen lassen.
Dann den Hefeteig auf einer Dauerbackfolie ausrollen. Frischkäse mit Sahne und Kräutern verrühren und auf den Hefeteig streichen. Speckwürfel und Käse darüberstreuen und von der breiten Seite her mit Hilfe der Dauerbackunterlage aufrollen. Rolle auf ein Schneidbrett geben und ca. 1 cm breite Scheiben schneiden. In ausreichendem Abstand auf ein Backblech mit Backpapier legen. Die Käseschnecken mit Sahne bestreichen, nochmals 20 Minuten gehen lassen. Dann bei 200 Grad ca. 25 Minuten backen. Ergibt ca. 20 Stück.
Gut als Partygebäck oder Abendessen für 4 bis 6 Personen geeignet. Essen auch Kinder gerne.

Von Silvia Uhl,
Erkheim

Käsetörtchen
mit Champignon- oder Tomatenbelag

Zutaten:
150 g Mehl,
125 g mittelalter Gouda,
1 Eigelb,
Paprikapulver,
1 Prise Salz,
125 g Butter

Champignonbelag:
Champignons frisch
(oder aus dem Glas),
150 g Pilze,
2 Zwiebeln,
150 g geräucherter
Speck,
3 EL Öl,
Salz, Pfeffer, Majoran,
100 g mittelalter Gouda,
Thymiansträußchen

Tomatenbelag:
2 EL Remoulade,
2 EL Chilisoße,
4 Tomaten,
1 Camemberthälfte,
1/2 Bund Petersilie

Champignonbelag: Champignons halbieren, Zwiebel und durchwachsener Speck im Öl auslassen. Zwiebeln, Champignons zufügen und 2 Minuten dünsten. Salzen, pfeffern, mit Majoran abschmecken, auf 4 Törtchen verteilen. Käse in schmale Streifen schneiden, kreuzweise auf die Törtchen legen. Backofen 175 Grad ca. 5 Minuten backen.
Tomatenbelag: Remoulade und Chilisoße verrühren. Tomaten halbieren, entkernen und in Streifen schneiden, Camembert auch in Streifen, Petersilie fein hacken. Chili-Remoulade auf die Törtchen streichen, Tomaten und Camembertstreifen darüber verteilen. Bei 175 Grad 3 Minuten überbacken. Mit Petersilie bestreuen.
Schmeckt gut zu Bier und Wein, als Vorspeise und für den kleinen Hunger.

Von Eva Wanner,
Pfaffenhausen

Knoblauchbrot
mit Käsezweierlei

Zutaten:
1 lange Baguette-Stange,
8 Knoblauchzehen,
150 g Mozzarella,
2 EL geriebener Emmentaler,
1 Sträußchen Petersilie,
2 EL Butter,
1/2 TL Salz,
Pfeffer,
Muskat

Knoblauchzehen schälen, durchpressen. Mozzarella in kleine Würfel schneiden. Petersilie fein hacken. Mit dem geriebenen Emmentaler und den Gewürzen zu der Butter geben und gut vermengen. Baguette in Scheiben schneiden und dünn mit der Mischung bestreichen. Bei 200 Grad im vorgeheizten Backofen ca. 10 Minuten überbacken.
Ein „vielgelobter" Imbiss für Gäste, lässt sich gut vorbereiten!

Von Ute Keppeler,
Blöcktach

Knoblauchkartoffeln

Zutaten:
1700 g Kartoffeln,
3 bis 4 Knoblauchzehen,
Salz oder Knoblauchsalz,
2 Becher Sahne

Kartoffeln schälen und dünne Scheiben hobeln. Knoblauch fein hacken. Die Kartoffeln in eine Auflaufform oder ein Backblech schichten. Jede Lage mit Salz und Knoblauch würzen.
Zum Schluss die Sahne darüber geben.
Nach Belieben mit Käse überbacken.
Bei 225 Grad ca. 30 Minuten backen.
Einfach, gut und schnell.
Rest am nächsten Tag in der Pfanne braten, schmeckt super.

Von Heidi Hagg,
Oberholz-Hergensweiler

Lauchschnecken

Zutaten:
Teig:
300 g Mehl,
1/2 Päckchen Trockenhefe,
1 TL Salz,
1 Prise Zucker,
gut 1/8 l lauw. Milch,
30 g zerl. Butter
Fülle:
2 große Stangen Lauch,
60 g gewürfelter durchwachsener Speck,
Gewürze

Aus Teigzutaten Hefeteig bereiten und gehen lassen. Lauch waschen und in Streifen schneiden. Speck anbraten und Lauch dazugeben. Teig zu einem Rechteck ausrollen. Lauchmasse darauf verteilen und aufrollen. In 3 cm dicke Scheiben schneiden, in gefettete Springform, Jenaform oder Kar geben und gehen lassen.
Bei 200 Grad ca. 30 Minuten backen.
Warm mit Käsesoße essen!
Salat nach Geschmack

Von Paula Kleinholz,
Tannen-Gestratz
Bild: Sabine Buchmann

Mosaikbrot (gefülltes Partybrot)

Zutaten:
50 g Butter,
2 EL Mayonnaise,
2 bis 3 Scheiben rote Paprika,
ca. 10 Perlzwiebel,
3 bis 4 Essiggurken,
2 TL Kapern,
2 gek. Eier kleinge.,
200 g Lyoner oder Schinken,
100 g Käse,
Petersilie,
2 TL Senf,
Salz,
2 Messersp. Pfeffer,
1/2 TL Chinagewürz,
etwas Zwiebelgewürz,
1 Stange Partybrot,
Worcestersoße,
Tabascosoße

Partybrot teilen und aushöhlen. Die ausgehöhlte Brotmasse etwas zerzupfen, mit Butter und Mayonnaise verrühren, dann die übrigen Zutaten nach und nach untermengen, zuletzt Eier, Wurst und Käse zugeben und abschmecken. Die ausgehöhlten Brotstangen füllen (dabei leicht stoßen), kalt stellen und ca. 1,5 cm dicke Scheiben schneiden.

Von Renate Keller,
Lobach, Seeg

Party-Brot

Zutaten:
1 kleines Stangenbrot,
150 g Frischkäse,
1 EL Tomatenmark,
1 EL Mayonnaise,
100 g Schinken und Käse,
1 kleine Zwiebel,
1 Essiggurke,
1 Bund Schnittlauch,
1 Paprikaschoten,
Salz,
Pfeffer

Das Stangenweißbrot quer halbieren, beide Teile aushöhlen. Für die Füllung alle anderen Zutaten zerkleinern und mischen, abschmecken. Beide Brothälften füllen, zusammensetzen. Brot in Alufolie wickeln und einige Stunden im Kühlschrank kaltstellen. In Scheiben geschnitten servieren.

Von Susanne Eggel,
Vorderreute/Wertach
Bild: Sylvia Weixler

Pizzaschnecken

Zutaten:
Hefeteig:
500 g Mehl,
Salz,
150 g saure Sahne,
1 Würfel Hefe,
1/4 l Milch (knapp)
Füllung:
250 g Frischkäse
(oder trockener Quark),
2 EL Sahne,
5 EL gemischte gehackte
Kräuter,
150 g Schinkenwürfel,
1 Stück Lauch,
1 große Zwiebel
(angedünstet),
1/2 rote,
1/2 grüne,
1/2 gelbe Paprikawürfel,
150 g geriebener
Bergkäse

Hefeteig herstellen, gehen lassen. Quadratisch ausrollen. Frischkäse oder Quark mit Sahne und Kräuter verrühren und ganzflächig auf Hefeteig streichen. Ausgekühlte Zwiebel, Lauchringe, Paprikawürfel, Schinkenwürfel und Käse gleichmäßig verteilen. Feste (stramm) aufrollen und in ca. 1 1/2 cm breite Scheiben schneiden. Auf ein mit Folie belegtes Blech setzen und mit etwas Sahne noch bestreichen. Kurz gehen lassen und ca. 30 Minuten backen (Heißluft: 180 Grad).
Von unserer Jugend sehr begehrt, auch als guter Pausensnack!

Wenn einer ißt, iß mit!
Wenn einer trinkt, trink mit!
Wenn einer schafft, laß'n schaffe!
(Fränkische Weisheit)

Von Maria Zeller,
Bad Grönenbach
Bild: Sylvia Weixler

Pizzaschnecken

Zutaten:
9 Scheiben Tiefkühl-Blätterteig,
150 g Champignons,
200 g gek. Schinken,
2 Tomaten,
1 Zwiebel,
200 g ger. Käse,
200 g Sauerrahm,
Salz, Pfeffer,
Oregano

Von Hannelore Jörg,
Staudach-Wiggensbach
Bild: Brigitte Wiedemann

Den Blätterteig auftauen lassen und auf einer bemehlten Fläche leicht überlappend ausbreiten. Zu einer großen Platte ausrollen.
Für die Füllung Tomaten, Schinken und die Champignons würfeln. Mit der fein geschnittenen Zwiebel, dem Käse und dem Sauerrahm mischen und würzen. Die Masse auf dem Blätterteig verteilen und von der schmalen Seite her aufrollen. Mit einem scharfen Messer in 2 cm breite Scheiben schneiden und auf Backblech legen. Bei mittlerer Hitze ca. 25 bis 30 Minuten backen. Dazu Tomaten- oder Blattsalat servieren.

Pizzasemmel

Zutaten:
6 Semmeln,
200 g gekochter Schinken in Würfel,
200 g Emmentaler gerieben,
2 bis 3 EL Remoulade,
1 Becher süße Sahne,
1/2 feingeschnittene Zwiebel,
Gewürze (z. B. Tomatenwürzsalz oder Pommes-Gewürz

Die Semmeln in Hälften teilen. Alle anderen Zutaten in einer große Schüssel mischen. Diese Mischung auf den Semmelhälften verteilen.
Im vorgeheizten Backofen die Semmelhälften bei 200 Grad ca. 5 bis 7 Minuten backen.
Schnell und einfach; läßt sich gut vorbereiten; prima geeignet für Kindergeburtstag oder Party, da man zum Essen kein Besteck benötigt.

Von Melanie Engler, Maierhöfen (Bild unten), Reinhilde Zaiser, Oy-Mittelberg (Bild oben) und von Alexandra Rapp, Fechsen (kleines Bild)

Die Zutaten zu diesem Aufstrich können je nach Geschmack verändert werden. Wir haben hierzu etwa 20 Variationen erhalten und können freilich nicht alle abdrucken.

Pizzataler

Zutaten:
Teig:
95 g Magerquark,
1 Ei,
1 TL Salz,
4 EL Öl,
190 g Mehl,
1/2 Päckchen Backpulver,
außerdem Mehl zum Bearbeiten
Für den Belag:
2 kleine Tomaten,
50 g Salami,
70 g Champignons,
50 g Schinken,
1 Zwiebel,
1 Paprikaschote,
100 g Mozzarella

Quark in eine Schüssel geben, das Ei und das Salz mit den Quirlen des Handrührgerätes mit dem Quark verrühren. Das Öl nach und nach unter Rühren dazugeben und weiterrühren, bis eine einheitliche glatte Masse entsteht. Das Mehl mit Backpulver mischen und auf die Masse sieben und unterkneten (mit Knethaken). Zugedeckt 10 Minuten (Zimmertemperatur) ruhen lassen. Den Teig ausrollen (etwa 1/2 cm dick) und 12 Kreise (10 cm Ø) ausstechen.
Tomaten waschen und in Scheiben schneiden. Salami und Schinken in Streifen, Pilze in Scheiben und die Zwiebel in Ringe schneiden. Paprikaschote in Streifen und Mozzarella in Scheiben schneiden. Alle Zutaten auf die Kreise (1 cm breiter Rand) verteilen. Den Käse zum Schluss. Mit Oregano bestreuen und auf einem mit Backpapier ausgelegten Blech backen.
Backzeit: etwa 25 Minuten
Elektroherd: 200 Grad, Umluft: 190 Grad.

Von Gabriele Mayer,
Ottenstall-Altusried

Pizzataschen

Zutaten:
300 g Mehl,
1/8 l Wasser,
25 g Hefe,
2 EL Öl,
1 TL Salz,
Füllung:
500 g Tomaten,
1 Dose Champignons,
1 Zwiebel,
1 grüne Paprika,
200 g Schinken,
300 g Hartkäse,
Pizzagewürz,
Pfeffer,
Öl zum Bestreichen

Von Josefine Rösch,
Köngetried

Hefeteig herstellen und gehen lassen.
Zutaten für die Füllung in Würfel schneiden und den Käse reiben. Alles miteinander mischen und mit Pfeffer und Pizzagewürz gut abschmecken. Teig in 4 oder 5 gleichgroße Teile teilen und oval ausrollen. Die Füllung gleichmäßig darauf verteilen und den Teig zu Taschen zusammenschlagen. Die Pizzataschen mit Öl bestreichen und 20 Minuten bei 220 Grad backen.

Philadelphia-Trüffel

Zutaten:
2 TL Kümmel,
1 Packung Rahmfrischkäse,
4 EL gehackte Petersilie,
1 TL Paprikapulver,
1/2 TL weißer Pfeffer,
2 Scheiben Pumpernickel

Den Kümmel mit einem Messer fein hacken. Den Käse mit dem Kümmel, der gehackten Petersilie, dem Paprikapulver und dem Pfeffer verkneten. Die Masse 30 Minuten in den Kühlschrank stellen.
Den Pumpernickel fein zerbröseln. Von der Käsemasse mit einem in heißes Wasser getauchten TL Klößchen abstechen und diese mit befeuchteten Fingern vorsichtig zu Kugeln formen. Die Kugeln in den Pumpernickel bröseln, so lange wälzen, bis sie ringsum vollständig davon bedeckt sind.
Die Käsekugeln auf einen Teller legen und nochmals 30 Minuten in den Kühlschrank stellen. Mit Petersilieblättchen servieren.
Diese feinen Käsekugeln eignen sich auch gut als Geschenk aus der eigenen Küche.
Verpacken Sie jede einzelne Kugel in Cellophanpapier und verschließen mit farbigem Garn.

Von Conny Herz,
Görisried

Rühreitoast

Zutaten:
6 Eier,
8 EL Milch,
1 TL Salz,
1 Bund Schnittlauch,
60 g Fett,
8 Scheiben Toastbrot,
3 EL ger. Käse

Eier, Milch, Salz und geschnittenen Schnittlauch gut miteinander verrühren. Eiermasse in heißes Fett gießen, stocken lassen. Toast leicht vortoasten und mit dem Rührei belegen, Käse darüberstreuen, kurz überbacken.

Von Silvia Jörg,
Waltenhofen
Bild: Gerlinde Hörmann

Schinken-Blätterteig-Törtchen

Zutaten:
Blätterteig,
100 g geriebener
Emmentaler,
150 bis 200 g gewürfelter
Schinken,
200 g Sahne,
2 Eier,
Salz,
Pfeffer,
Schnittlauch,
Petersilie

Muffin-Form mit Blätterteig auslegen. Käse, Schinken, Sahne und Eier miteinander verrühren. Mit Salz und Pfeffer würzen. Schnittlauch und Petersilie dazugeben.
Die Schinken-Käse-Masse in die Törtchen füllen und im vorgeheizten Backofen bei 180 Grad ca. 15 bis 20 Minuten backen.
Die Törtchen können warm und kalt gegessen werden. Diese Menge ergibt 12 Törtchen.
Gutes Gelingen!

Von Petra Miller,
Kißlegg

Schinkenhörnchen

Zutaten:
1 Packung Tiefkühl-Blätterteig,
6 Scheiben gek. Schinken,
2 Ecken Rahmkäse (Schmelzer),
1 Zwiebel,
Petersilie,
Salz,
Pfeffer,
Knoblauch,
1 Ei

Den Blätterteig auftauen und halbieren. Die Quadrate etwas ausrollen.
Den gewürfelten Schinken mit Zwiebeln, Gewürzen und Kräutern kurz andünsten, den Rahmkäse untermengen.
Diese Schinkenmasse in der Mitte der Quadrate füllen und diagonal zu Hörnchen formen.
Bei 200 bis 220 Grad 20 Minuten backen. Mit einem verschlagenen Ei bestreichen und nochmals 10 Minuten backen. Wird warm serviert.

Von Angelika Lipp,
Hindelang

Schinkentaschen

Zutaten:
250 g Mehl,
200 g Quark,
180 g Butter,
Füllung:
ca. 250 g gekochten Schinken,
eine kleine Stange Lauch,
ca. 100 g Sellerie,
1/2 kleine Zwiebel

Schinken, Lauch, Sellerie und Zwiebel ganz fein schneiden.
Aus Mehl, Quark und Butter einen Teig herstellen und ca. 10 Minuten zugedeckt ruhen lassen. Für die Füllung Zwiebel, Lauch und Sellerie in wenig Butter dünsten. Ca. 2 EL Wasser und 1 EL Sahne beifügen, mit Salz, Pfeffer, Majoran und Suppengewürz abschmecken. Dann ca. 10 Minuten köcheln lassen, dabei ab und zu umrühren. Von der Kochstelle nehmen und den Schinken unterrühren. Den Teig in mehrere Portionen teilen und mit dem Nudelholz auswallen. Anschließend in ca. 7 mal 7 cm große Flecken schneiden. Etwas Füllung in die Mitte geben, Ränder mit Eiweiß bestreichen und zusammenklappen. Schinkentaschen auf ein mit Backpapier ausgelegtes Backblech geben und mit Eigelb, das mit etwas Sahne verrührt wird, bestreichen. Danach bei 200 Grad ca. 30 Minuten backen. Heiß servieren!
Kann man gut einige Stunden vorher zubereiten. Aber erst kurz vor dem Verzehr backen.

Von Brigitte Maier, Breitenbrunn

Schottische Eier

Zutaten:
Fleischteig:
500 g Hackfleisch,
1 Zwiebel,
Petersilie gehackt,
2 Eier,
100 g Semmelbrösel
(etwa 4 EL),
Majoran,
Muskat,
Salz,
Pfeffer,
hartgekochte Eier

Die gekochten Eier, je 1 Ei mit etwas Fleischteig umhüllen und in der Pfanne in etwas heißem Butterschmalz rundum braten, dabei öfters drehen.
Mit Kartoffelsalat und gemischtem Salat servieren.

Von Rosmarie Brandmeier,
Hörmatzen, Seeg
Bild: Sylvia Weixler

Seelen mit Kräuterbutter

Zutaten:
5 Seelen,
10 Scheiben Schinken,
10 Scheiben Salami,
ca. 100 g Kräuterbutter,
ca. 250 g Reibkäse

Seelen halbieren und mit Kräuterbutter bestreichen. Den Boden mit Schinken, Salami und Käse belegen.
Backofen auf 190 Grad vorheizen (Ober-, Unterhitze). Die Seelen ohne Deckel ca. 3 bis 4 Minuten backen, anschließend mit Deckel nochmals 3 Minuten backen. Dazu passt gemischter Salat sehr gut.
Statt Kräuterbutter kann man auch normalen Butter verwenden.

Von Gisela Kopf,
Untrasried

Überbackene Champignons

Zutaten:
20 große Champignons,
Kräuterbutter,
2 EL geriebener Gouda,
etwas Öl

Pilzköpfe putzen, waschen und auf der runden Seite mit etwas Öl bepinseln. Kräuterbutter einfüllen, Käse darüberstreuen und mit der Fülle nach oben im vorgeheizten Rohr bei mittlerer Hitze kurz überbacken.
Ist schnell zubereitet und kommt bei den Gästen immer gut an (Grillfest).

Von Aloisia Hohl,
Uttenhofen/Leutkirch
Bild: Sonja Stegmann

Überbackenes Fladenbrot

Zutaten:
1 türkisches Fladenbrot (Pide),
Kräuter- oder Knoblauchbutter,
100 g gekochter Schinken,
2 Tomaten,
100 g Schafskäse,
50 g ger. Gouda,
1 Paprikaschote,
Petersilie,
Schnittlauch,
Salz,
Pfeffer

Fladenbrot quer durchschneiden, Unterseite mit der Kräuter- oder Knoblauchbutter bestreichen, mit dem Schinken, den in Scheiben geschnittenen Tomaten und der in Streifen geschnittenen Paprikaschote belegen. Schafskäse in dünne Scheiben schneiden und zusammen mit dem geriebenen Gouda auf dem Fladenbrot verteilen. Würzen und mit den klein gehackten Kräutern bestreuen. Die Oberseite des Fladenbrotes auflegen und in Alufolie hüllen. Im vorgeheizten Backofen bei 200 Grad etwa 15 Minuten überbacken. Das Fladenbrot wie einen Kuchen aufschneiden und heiß servieren. Dieses Gericht kommt gut an, wenn sich Gäste angesagt haben. Ein Fladenbrot reicht für 4 Personen.

Von Ute Keppeler,
Blöcktach

Wursttorte

Zutaten:
1 Fladenbrot,
500 g Quark,
1 Tube Mayonnaise,
Salz, Pfeffer,
500 g Schinken,
4 bis 5 Essiggurken,
4 Eier gekocht,
einige Schinkenscheiben zum Verzieren

Fladenbrot einmal durchschneiden, Quark und Mayonnaise miteinander verrühren und mit Salz und Pfeffer abschmecken.
Quarkmasse teilen. Dann den Schinken, die Essiggurken und die gekochten Eier (3 Stück) kleinschneiden, unter einen Teil der Quarkmasse heben und in das Fladenbrot streichen. Mit restlicher Quarkmasse zustreichen. Mit Schinkenrollen und Eierscheiben verzieren.
1 Tag durchziehen lassen!
Eignet sich hervorragend zum kalten Buffet oder für eine Party.
Guten Appetit!

Von Roswitha Mühlbauer, Günzach

Zwiebeltoast

Zutaten:
Toast,
Zwiebel,
Crème fraîche,
Pfeffer,
Salz,
Scheiblettenkäse

Zwiebel schälen und hobeln, dann glasig dünsten. Mit Crème fraîche, Pfeffer und Salz abschmecken und auf den getoasteten Toast geben.
Mit Scheiblettenkäse belegen und backen bis Käse verläuft.
Super schnell und schmeckt gut.

Von Anita Schrittenlocher,
Sontheim
Bild: Gerlinde Hörmann

Aus Rohr und Pfanne

Allgäuer Käsestrudel

Zutaten:
Für den Strudelteig:
300 g Mehl,
2 Prisen Salz,
1 Ei,
gemahlenen Kümmel,
1 EL Essig,
2 EL Öl,
8 bis 10 EL lauw. Wasser

Für den Hackfleischteig:
500 g Hackfleisch,
1 Ei,
1 alte eingeweichte Semmel,
1 EL Kräuter,
Salz, Pfeffer,
etwas Tabasco

Für das Dünstgemüse:
1 Zwiebel,
1 Stange Lauch,
1 Dose Champignon,
1 rote und 1 gelbe Paprika,
1 Karotte
Tilsiter Küse

Von Brigitte Schöpf,
Kaufbeuren-Oberbeuren
Bild: Gerlinde Hörmann

Die Zutaten für den Teig gut abschlagen, mit Öl bepinseln, zudecken und ruhen lassen.
Zwiebel, Lauch und Champignons blättrig schneiden, Paprika in Streifen, Karotte würfeln. Gemüse gut durchdünsten, abschmecken und auskühlen lassen.
Den Strudelteig ausziehen, auf Küchentuch legen, darauf den Hackfleischteig verteilen und glattdrücken. Darauf kommt Tilsiter-Käse verteilt und als letzte Schicht das gedünstete Gemüse. Das Ganze nun zum Strudel aufrollen und auf ein gut gefettetes Blech legen.
Bei ca. 200 Grad 30 bis 40 Minuten backen. Aus dem Rohr nehmen, etwa 10 Minuten abkühlen lassen, dann aufschneiden. Dieses Gericht kann warm als Hauptgericht oder kalt als Nachspeise serviert werden und reicht für ca. 4 bis 6 Personen. Für das Gemüse können auch verschiedene Gemüsereste verwendet werden.
Gutes Gelingen.

Apfel-Zwiebel-Quiche

Zutaten:
Quark-Öl-Teig:
200 g Mehl,
100 g Quark,
5 EL Milch,
5 EL Öl,
1 TL Backpulver,
1/2 TL Salz
Belag:
3 säuerliche Äpfel,
400 g Zwiebeln
in dünne Ringe,
200 g gek. Schinken in
Würfel schneiden,
1 EL Fett oder Butter,
200 ml saure Sahne,
100 g geriebenen
Emmentaler,
4 EL Crème fraîche,
3 Eier,
Pfeffer

Das Mehl mit Backpulver und Salz mischen, Quark, Milch, Öl dazugeben und alles zu einem geschmeidigen Teig durchkneten. Die Butter schmelzen, Schinken und Zwiebeln darin einige Minuten dünsten. Äpfel schälen, in dünne Spalten schneiden, mit Schinken, Zwiebeln, saurer Sahne, Crème fraîche, Eiern, Käse und Pfeffer mischen. Backofen auf 200 Grad vorheizen.
Den Teig ausrollen und in eine Spring- oder Auflaufform legen mit 2 cm hohem Rand. Die Füllung auf den Teig geben und 40 Minuten backen.
Geht sehr schnell und schmeckt super.

Von Martha Lochbihler,
Unterthal-Bad Grönenbach
Bild: Sabine Buchmann

Bananenfilet

Zutaten:
1 Schweine- oder Kalbfilet,
4 Bananen,
3 Eßl. Honig,
Salz, Pfeffer,
1 TL Cayennepfeffer,
1/2 TL Chilipulver,
1 Becher Sahne

Filet in Scheiben schneiden, salzen und pfeffern. Im heißen Fett in einer Pfanne von beiden Seiten anbraten.
Gleichzeitig in einer zweiten Pfanne Honig erhitzen. Bananen in Scheiben geschnitten zum erhitzten Honig geben. Mit Cayennepfeffer und Chilipulver würzen. Sind die Bananen durchgebraten, den Honig mit den Bananen dem Filet zugeben. Jetzt kräftig salzen und anschließend mit Sahne ablöschen.
Dazu reicht man Reis und frischen Salat.
Schnelles und beliebtes Sonntagsgericht!

Von Sabine Brüchle,
Günzach
Bilder: Gabi Striegl

Bergbauernauflauf

Zutaten:
6 alte Semmeln,
250 g Gouda oder Emmentaler oder Käsereste,
250 g Salami oder Wurstreste,
1/2 l warme Milch,
3 Eier,
Salz, Pfeffer, Muskat, Schnittlauch

1 Semmel in kleine Würfel schneiden. Käse in kleine Würfel schneiden, Salami ebenfalls in kleine Würfel schneiden. Alles gut mischen und in eine gefettete Auflaufform geben. 1/2 l warme Milch mit Eiern, Salz, Pfeffer, Muskat und Schnittlauch verrühren. Über das Semmel-Käse-Wurstgemisch gießen. Bei 200 Grad etwa 50 Minuten backen.
Guten Appetit!

Von Cilli Heckelsmiller,
Kaltbronn-Legau
Bild: Sylvia Weixler

Blätterteig-Hackfleisch-Rolle

Zutaten:
300 g tiefgefrorener Blätterteig,
2 Zwiebeln,
1 kleine Stange Lauch,
300 g Weißkohl,
150 g Champignons,
400 g Hackfleisch,
1 EL Butter,
2 Eigelbe,
Salz, Pfeffer,
1 Sojasauce,
100 g Goudakäse,
1 Eiweiß,
1 Eigelb

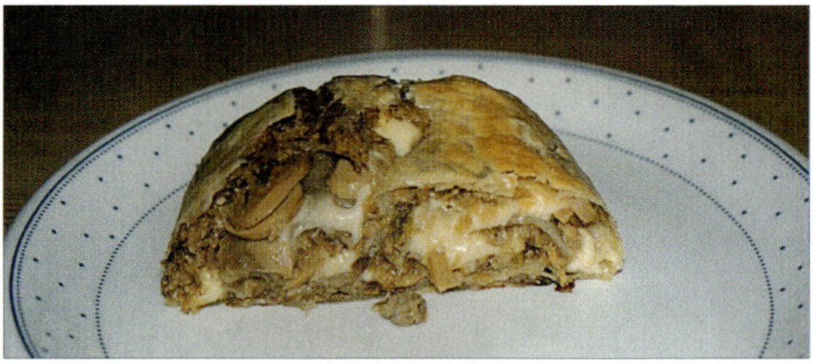

Von Anna Böck,
Schöneberg-Pfaffenhausen

Den Blätterteig auftauen lassen. Die Zwiebeln würfeln, den Lauch in Ringe und den Weißkohl in Streifen schneiden.
Die Champignons putzen, waschen und blättrig schneiden. Die Zwiebelwürfel und das Hackfleisch in der Butter anbraten. Das Gemüse zugeben und unter häufigem Umwenden 10 Minuten dünsten. Den Backofen auf 180 Grad vorheizen. Die Hackfleischmasse vom Herd nehmen und mit den Eigelben, dem Salz, dem Pfeffer und der Sojasauce verrühren. Den Käse in kleine Würfel schneiden. Den Blätterteig zu einem großen Rechteck ausrollen und die Hackfleischmasse darauf verteilen, die Ränder 2 cm breit frei lassen. Den Käse darüberstreuen. Die Teigränder mit Eiweiß bestreichen, Seiten einschlagen und dann aufrollen, die Ränder leicht fest drücken. Die Rolle auf ein nasses Backblech legen und mit Eigelb bestreichen. Im Backofen ca. 35 Minuten backen und heiß servieren.

Blätterteigpastete

Zutaten:
250 g Blätterteig,
300 g Brät,
Petersilie,
1 Zwiebel,
200 g Schinken,
200 g Tomaten,
2 Gewürzgurken

Ausgerollten Blätterteig in 2 Hälften schneiden, einstechen und die Ränder mit Eigelb bestreichen, Semmelbrösel auf den Teig streuen; darauf dann Brät, Petersilie, gewürfelte Zwiebel, Schinken, Tomaten und Gurken geben. Deckel auflegen, einstechen und mit Eigelb bestreichen. 30 bis 35 Minuten bei 200 Grad.

Von Zenta Heiland,
Rottenbuch

Blätterteigpastete

Zutaten:
1 Schweinefilet,
30 g Butter,
Salz, Pfeffer,
1 Zwiebel,
Petersilie,
1 Dose Champignons,
400 g Bratwurstbrät,
2 Pakete Tiefkühl-Blätterteig

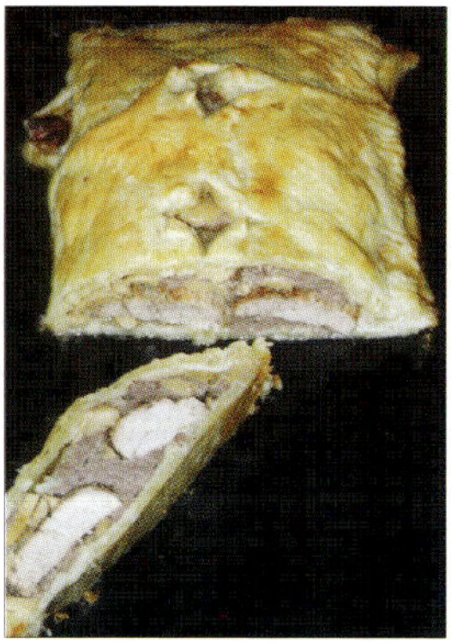

Fleisch würzen, in Butter anbraten und 15 Minuten garen. Zwiebel, Petersilie, Champignons zerkleinern und andünsten, Bratwurstbrät nach dem Abkühlen dazumischen. Teigplatten auftauen, Rand mit Eiklar bestreichen, 1 cm übereinanderschieben, festdrücken und ca. 35 mal 35 cm ausrollen.
Halbe Brät-Pilz-Masse auf die untere Hälfte der Teigplatte streichen. Filet halbieren, auf die Masse legen und mit der restlichen Masse bedecken. Teigränder mit Eiklar bestreichen, zu einem Paket zusammenschlagen und die Ränder fest andrücken. Aus Teigresten Plätzchen ausstechen und die Pastete damit verzieren. In der Oberseite 3 kleine Öffnungen (Ø 1 cm) schneiden. Backblech mit Wasser bespritzen, Pastete auf das Blech legen.
Backtemperatur: 180 Grad
Backzeit: 45 bis 60 Minuten

Von Marlies Knaur,
Huttenwang-Aitrang
Bilder: Manuela Immler

Böhmischer Krautstrudel

Zutaten:
Teig:
250 g Mehl,
Salz,
3 bis 4 EL Öl,
1/8 l warmes Wasser
Fülle:
1 kleiner Kopf Weißkraut fein gehobelt,
1 Zwiebel, klein geschnitten,
150 g durchwachsener Speck, klein geschnitten,
30 g Margarine,
Salz,
Kümmel,
Pfeffer

Teig herstellen. Für die Füllung die Margarine erhitzen, Speck darin auslassen, Kohl und Zwiebeln darin etwa 10 Minuten dünsten, Salz und Gewürze dazufügen.
Den Teig auf einem bemehlten Tuch mit einer Kuchenrolle zu einem Rechteck ausrollen. Dann den Teig vorsichtig über beide Handrücken ziehen, und zwar möglichst so dünn, dass sie durch den Teig das Muster des Geschirrtuches erkennen können. Danach die dicken Ränder rundherum abschneiden. Die abgekühlte Kohlfüllung darauf geben und dabei rundherum 5 cm Rand freilassen. Nun die Seiten einschlagen und den Teig von der schmalen Seite her, mit Hilfe des Tuches, aufrollen. Auf ein gefettetes Backblech legen. Im Backofen bei ca. 180 bis 200 Grad ca. 1 Stunde backen. Mit Fett etwas einpinseln. Den fertigen Strudel sofort servieren.
Tipp: Fülle kann gut am Vortag vorbereitet werden. Kommt bei meinen Gästen immer sehr gut an. Wer keinen Strudelteig mag, kanns auch mit fertigem Blätterteig machen.

Von Anita Scheitle,
Unterthingau

Brokkoli-Torte

Zutaten:
Mürbteig:
250 g Mehl,
125 g Butter,
1 Prise Zucker,
1 Prise Salz,
1 Ei
Belag:
750 g Brokkoli,
4 Eier,
1/8 l Sahne,
50 g geriebener Schinken,
250 g Schinken

Mürbteig herstellen und in eine Springform geben. Brokkoli waschen, zerkleinern und in Salzwasser 5 bis 8 Minuten garen. Abgetropften Brokkoli und den gewürfelten Schinken auf den Boden verteilen, Eier-Sahne-Käse-Gemisch darübergießen. 45 Minuten bei 200 Grad backen.
Noch heiß servieren!

Von Claudia Biechteler,
Woringen

Bunter Gemüseauflauf

Zutaten:
250 g Karotten,
200 g Lauch,
200 g Blumenkohl
oder Wirsing,
1 kleine Dose Mais,
150 g tiefgefrorene
Erbsen,
6 Eier,
150 g Sahne,
100 g Reibkäse,
200 g Schinken oder
Rauchfleisch,
je 1 Bund Schittlauch und
Petersilie,
etwas Salz und Pfeffer,
1/2 l Gemüsebrühe

Gemüse putzen, in Ringe schneiden und in der Gemüsebrühe bißfest garen. Mais und Erbsen zufügen. Kräuter in feine Röllchen schneiden, Eier und Sahne verquirlen, etwas Kochsud zugeben, mit Kräuter, Salz und Pfeffer würzen. Schinken in feine Streifen schneiden, mit dem Gemüse (aus dem Sud nehmen) in eine gefettete Auflaufform geben. Eiersahne darübergießen und mit Käse bestreuen.
Im vorgeheizten Backofen bei 200 Grad etwa 60 Minuten backen.

Von Anneliese Schädler,
Heimenkirch-Wolfertshofen

Bunter Gemüseauflauf

Zutaten:
Kartoffeln,
Karotten,
Blumenkohl,
Zucchini,
Paprika,
Brokkoli,
sonstige Gemüse nach Belieben,
1 Becher Kräuterfrischkäse,
1/2 Becher Sahne,
geriebener Käse

Gemüse mit etwas Brühe bissfest dämpfen, Frischkäse mit Sahne verrühren, mit Salz, Pfeffer und Muskat würzen, eventuell etwas Gemüsebrühe zugeben, Gemüse untermischen. Reichlich geriebenen Käse darüberstreuen. Das Ganze im Ofen überbacken, bis der Käse schön goldgelb ist!

Von Margit Angerhofer, Bernbeuren

Champignontorte

Zutaten:
300 g Blätterteig
oder
250 g Mehl,
125 g Butter,
1 Ei,
Salz,
150 g Joghurt
Füllung:
500 g Champignons,
2 kleine Zwiebeln,
100 g Speck,
Pfeffer,
Salz,
Petersilie,
3 Eier,
1/8 l Crème fraîche,
100 geriebener
Emmentaler

Aus den Teigzutaten einen Teig kneten, eine Stunde kalt stellen.
Champignons, Zwiebel, Speck 7 Minuten dünsten, abschmecken und Petersilie darunter mischen. Eier, Crème fraîche und Emmentaler mischen.
Teig auswellen, in eine gefettete Springform legen und einen Rand formen.
Champignons, Zwiebel, Speck auf dem Teig verteilen und mit der Crème-fraîche-Masse übergießen.
Bei 180 Grad ca. 40 Minuten backen.

Von Aloisia Hohl,
Uttenhofen-Leutkirch

Champignon-Pizza

Zutaten:
Teig:
250 g Mehl,
1 Ei,
1 TL Backpulver,
1 Prise Salz,
125 g Margarine,
Belag:
2 Zwiebeln,
2 Knoblauchzehen,
500 g frische Champignons,
Salz, Pfeffer,
Saft 1 Zitrone,
1/8 l saure Sahne,
25 g Parmesan

Mürbeteig herstellen, kühl stellen. Teig in Springform geben mit Rand. Belag zubereiten, dazu gewürfelte Zwiebeln und Knoblauchzehen in Fett andünsten. Blättrig geschnittene Champignons dazugeben und würzen. Saure Sahne, Käse und gewürfelten Schinken dazugeben. Diese Masse über den Teig verteilen.
Mit Parmesan bestreut in den Ofen schieben (30 bis 40 Minuten).

Von Marlene Wegmann,
Bad Grönenbach-Ittelsburg

Cordon bleu-Würstchen

Zutaten:
4 Currywürste,
4 Scheiben Emmentaler,
12 Scheiben rohes Wammerl (dünn geschnitten),
eventuell Zahnstocher

Currywürste durchschneiden, mit Käsescheiben belegen und mit dem Wammerl umwickeln, in der Pfanne langsam herausbraten.
Schmecken super, sättigen aber ungemein.

Von Monika Hipp,
Stötten a. A.

Dinnete

Zutaten:
Teig:
1 kg Weizen oder Dinkelmehl,
1 Würfel Hefe,
30 g Salz,
0,6 bis 0,7 l Wasser
Belag:
150 g Mehl,
300 bis 350 g Sauerrahm,
2 bis 3 Eier,
2 TL Salz,
1 Prise Pfeffer,
etwas Knoblauchpulver,
3 große Zwiebeln,
Schnittlauch oder Zwiebelrohr,
200 g geräucherter Bauchspeck,
Kümmel

Aus den Zutaten einen Hefeteig herstellen und etwa eine Stunde ruhen lassen. Mit nassen Händen 8 bis 10 Teigportionen ausbrechen und auf einem bemehlten Brett 10 Minuten gehen lassen. In der Zwischenzeit wird für den Belag das Mehl mit Sauerrahm, Ei, Salz und den Gewürzen zu einem sämigen Teig verrührt. Die in Ringe geschnittenen, in etwas Butter angedünsteten Zwiebeln dazugeben. Zum Schluss noch etwas Schnittlauch oder Zwiebelrohr unterheben.

Nun die Teigportionen mit bemehlten Händen in Form einer Pizza ausziehen, auf ein mit Backpapier belegtes Blech legen, den Belag aufstreichen. Zum Schluss den in kleine Würfel geschnittenen Speck und etwas Kümmel darüberstreuen. Die Fladen bei 250 Grad einschieben und ca. 20 Minuten backen.

Am besten schmecken sie ofenfrisch gebacken!

Von Ingrid Hofer,
Unterrot-Kißlegg

Emmentaler-Pastete

Zutaten:
Teig:
125 g Mehl,
75 g Butter,
1 Prise Salz,
1 Ei

Füllung:
250 g Emmentaler,
2 Zwiebeln,
250 g Champignons,
50 g Butter,
200 g gekochten Schinken,
3 Eier,
75 g Mehl,
1/8 l saure Sahne,
Salz, Pfeffer, Muskat

Mürbteig in Springform drücken, Rand andrücken, bei 180 Grad 15 Minuten backen. Käse hobeln, Zwiebeln hacken, Champignons mit Zwiebeln 10 Minuten in Butter dünsten. Diese Masse auf den vorgebackenen Boden geben. Sahne, Eier, Mehl und Gewürze verschlagen und über die Füllung gießen.
Die Pastete 50 Minuten backen.
Gutes Gelingen!

Von Karola Haggenmüller,
Wiggensbach-Winnings

Ente in Orangensoße

Zutaten:
1 Ente (1,5 kg),
Salz,
Pfeffer,
1 unbeh. Orange,
3 EL Sherry,
2 EL Speisestärke,
1/4 l Hühnerbrühe

Die ausgenommene Ente waschen, trockentupfen, innen und außen salzen und pfeffern. Einen Bräter 4 cm hoch mit heißem Wasser füllen, salzen und die Ente mit der Brust nach unten hineinlegen. Auf der mittleren Schiene in den Ofen schieben. Bei 225 Grad etwa 50 Minuten garen. Die Ente zwischendurch wenden, zuletzt die Brust bräunen. Inzwischen die Orange waschen, die Schale sehr dünn abschälen und in sehr feine Streifen schneiden. Den Saft auspressen, die Stärke damit glattrühren. Die Brühe aufkochen und mit der angerührten Stärke binden. Die Orangenspäne und den Sherry kurz mitkochen und abschmecken.

Von Monika Rabus,
Oberbuxach, Memmingen

Erbsenfrikadellen
auf Kohlrabikraut

Zutaten:
300 g Erbsen,
8 Kartoffeln,
2 Eier,
2 Eiweiß,
4 Kohlrabi,
2 Zwiebeln feingeschnitten,
2 TL Mehl,
Essig zum Abschmecken,
Semmelbrösel zum Panieren,
100 g Semmelbrösel zum Binden,
Sonnenblumenöl zum Anbraten,
Sonnenblumenöl zum Dünsten,
Majoran,
Kümmel,
Zucker,
Salz,
Pfeffer

Die Erbsen in Salzwasser weichkochen, das Wasser ablaufen lassen und die Erbsen durch ein Sieb passieren. Kartoffeln weichkochen, schälen und fein reiben. Erbsen, Kartoffeln, Eier, Eiweiß, 100 g Semmelbrösel und etwas Salz, Pfeffer und Majoran in eine Schüssel geben und zu einem Teig verarbeiten. Mit einem Eisportionierer Kugeln formen. Aus den Teigkugeln Frikadellen formen und diese in den Semmelbröseln wenden. In einer Pfanne mit heißem Sonnenblumenöl die Erbsenfrikadellen auf jeder Seite 3 bis 4 Minuten braten.

Für das Kohlrabikraut die Kohlrabi schälen und in Stifte hobeln. Die gewürfelten Zwiebeln und etwas Sonnenblumenöl glasig dünsten, Kohlrabistreifen zugeben und mit Salz und Kümmel würzen. Das Kohlrabikraut ca. 15 Minuten garen. Anschließend mit Mehl bestäuben und mit Essig und Zucker süßsauer abschmecken. Mit den Erbsenfrikadellen anrichten.

Von Rudolf Buhmann,
Lindau

Filet in Blätterteig

Zutaten:
1 Schweinefilet,
1 Packung Blätterteig,
Salz,
Pfeffer,
1 Zwiebel,
2 Stück Lauch,
Champignons,
200 g Schinken,
Petersilie,
2 bis 3 Eigelb,
Butter

Filetstücke scharf anbraten, mit Salz und Pfeffer einstreichen. Zwiebel und Lauch fein hacken, in Fett glasig dünsten. Champignons fein schneiden, Schinken kleinwürfeln und mit dem Zwiebel-Lauch-Gemisch noch ca. 5 Minuten mitdünsten. Petersilie und Eigelb unterrühren.
Blätterteig auswellen, Füllung darauf verteilen, Filetstücke daraufgeben, mit Blätterteig einwickeln. Auf ein gefettetes Backblech geben, mit Eigelb bestreichen und bei 175 Grad backen.

Von Brigitte Brutscher,
Fischen
Bild: Gerlinde Hörmann

Filetspitzen aus der Pfanne

Zutaten:
800 g Schweinefilet-spitzen,
4 Scheiben geräucherter Bauchspeck,
50 g Bratfett,
2 feingeschnittene Schalotten,
150 g frische Champignons in Scheiben,
Senf,
Ketchup,
1 Prise Salz,
1 Prise Pfeffer,
Bratensaft oder Bratensoße nach Geschmack,
1 EL Sauerrahm

Das Schweinefilet wird in feine Scheiben, der Bauchspeck in feine Streifen geschnitten. Den Speck in der Pfanne glasig dünsten, die feingeschnittenen Schalotten hinzufügen und nun erst die Filetscheiben hinzugeben. Das Ganze bei starker Hitze kurz angehen lassen, so dass alles von beiden Seiten angebräunt ist. Nun wird vom Bratfett die Hälfte abgegossen, man fügt die Champignons hinzu und rührt Senf und Ketchup und die Gewürze je nach Geschmack hinzu. Zum Schluß mit etwas Bratensaft oder Bratensoße auffüllen.
Vollendet wird das Gericht durch einen EL Sauerrahm. Als Beilage reicht man Spätzle sowie frische Gartensalate.

Von Rudolf Buhmann,
Lindau

Fleisch-Käse-Strudel

Zutaten:
1 Packung Blätterteig,
1 Zwiebel,
200 g grüne Paprikaschoten,
3 EL Öl,
400 g Hackfleisch,
2 EL Ketchup,
1 TL Salz,
Pfeffer,
125 g Chester oder Chester Schmelzkäse,
1 Eigelb

Blätterteig nach Packungsanweisung antauen lassen, dann zu einem Quadrat von 40 bis 45 cm ausrollen. Zwiebel fein hacken, Paprika klein würfeln und beides etwa 10 Minuten im Öl dünsten und abkühlen lassen. Das Hackfleisch mit Ketchup, Salz und Pfeffer abschmecken. Zwiebel und Paprika dazugeben, durcharbeiten und auf den Teig streichen. Käse fein würfeln und gleichmäßig darauf verteilen.
Den Blätterteig aufrollen, die Enden gut andrücken und alles mit Eigelb bestreichen.
Im 220 Grad vorgeheizten Backofen erst 10 Minuten, dann weitere 25 Minuten bei 175 Grad fertig backen.
Ganz wichtig: Unbedingt 5 Minuten auskühlen lassen!

Von Sandra Pfalzer, Buxach

Französisches Pfeffergeschnetzeltes

Zutaten:
1 Rinderfilet geschnetzelt,
1 Zwiebel gewürfelt,
2 kleine Paprikaschoten in Streifen geschnitten,
Kartoffelpuffer,
2 Camembert

Fleisch in Fett gut rösten, Zwiebel zugeben, salzen, gut pfeffern. Paprikaschoten zugeben, 5 Minuten dünsten, mit Cognac ablöschen.

Kartoffelpuffer auf's Blech geben, Fleisch-Gemüsegemisch darauf verteilen, 2 runde Camembert in Scheiben schneiden, darauf verteilen.

20 Minuten überbacken.

Mit einem guten Salat und Weißbrot ein feines Festtagsessen.

Von Monika Müller,
Bittenau-Unteregg

Gefüllte Nudelrolle
mit Spinat und Romadur

Zutaten:
200 g Mehl,
1 TL Salz,
1 Ei,
1 Eigelb,
20 g Butter,
1 kg frischer Spinat,
1 große Zwiebel,
1 Knoblauchzehe,
Salz, Pfeffer, Muskat,
140 g Romadur,
60 g Haselnüsse geschnitten,
50 g flüssige Butter

Nudelteig herstellen und 30 Minuten im Kühlschrank ruhen lassen.
Spinat waschen, kochen, grob hacken. Zwiebel und Knoblauch in kleine Würfel schneiden und in Butter braten. Spinat hinzufügen und mitschwitzen, würzen mit Salz, Pfeffer und Muskat.
Nudelteig ausrollen zu einem Rechteck 40 mal 40 cm, 2 mm dick, mit Spinatmasse bestreichen, kleine Stücke Romadur verteilen und mit Haselnüssen bestreuen. Den Rand ringsum mit Wasser bestreichen und aufrollen.
Mit einem Geschirrtuch umhüllen, Enden gut zubinden. In reichlich kochendem Salzwasser 30 bis 35 Minuten ziehen lassen, Rolle danach in Scheiben schneiden und mit wenig flüssiger heißer Butter übergießen.
Dazu passt Salat in verschiedenen Sorten.

Von Angelika Zeh,
Aichstetten-Breitenbach

Gefüllte Pfannkuchen

Zutaten
für den Teig:
4 große EL Mehl,
1/8 l Milch,
4 Eier,
1 Prise Salz,
nach Belieben Petersilie und Majoran

für die Füllung:
Pilze (Champignons),
Rauchfleisch,
Zwiebeln

Zuerst werden die Zutaten für die Füllung mundgerecht geschnitten. Die Champignons, das Rauchfleisch und die Zwiebel in einem Topf mit Margarine anrösten.
Pfannkuchenteig: Aus Mehl, Milch, Eiern und einer Prise Salz einen Teig anrühren. Den Teig portionsweise (1 Schöpflöffel groß) in die Pfanne geben und herausbacken zu Fladen.
Die Pfannkuchen mit (der angerösteten Füllung) Champignons, Rauchfleisch und Zwiebeln füllen, einrollen und gleich servieren.
Schmeckt prima.

Von Barbara Winter,
Binzen/Petersthal
(auf dem Bild Christina und Andreas Winter)

Gefüllte Zucchini

Zutaten:
4 kleine Zucchini,
500 g Rinderhackfleisch oder gemischtes Hackfleisch,
Salz,
Pfeffer,
Paprika,
kleine Zwiebel,
Semmelbrösel,
geriebenen Emmentaler

Zucchini waschen, halbieren, aushöhlen, Hackfleisch pikant abschmecken, in Zucchinihälften einfüllen, mit Emmentaler bestreuen, ca. 1/8 l Wasser in Auflaufform geben, Zucchini einschichten, bei 225 Grad ca. 40 Minuten in die Backröhre.

Dazu Tomatensoße.

Mittlere Einbrenne herstellen, mit 500 g passierten Tomaten aufgießen, 2 EL Tomatenmark zugeben, mit Salz, Pfeffer, Prise Zucker abschmecken, frische Petersilie zugeben.

Dazu Reis oder eventuell Salzkartoffeln.

Guten Appetit!

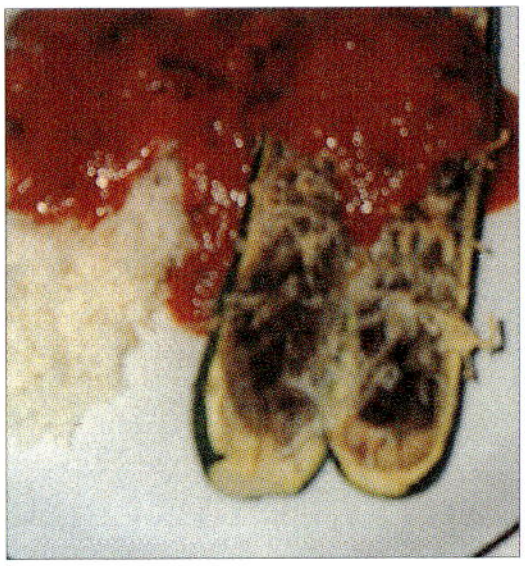

Von Monika Wolf,
Missen-Börlas

Gemüselasagne

Zutaten:
verschiedenes Gemüse je nach Jahreszeit
3 Karotten, geraspelt,
3 Lauch,
2 Zucchini oder ca. 200 g Pilze (Champignons),
1 bis 2 Auberginen oder Bohnen,
1 großer Brokkoli
eventuell 2 Paprika rot oder gelb,
2 EL Pesto (Fertigprodukt),
50 g Butter,
60 g Mehl,
160 g saure Sahne,
750 ml Milch,
100 g mittelalter Gouda,
4 Eier leicht verquirlt,
250 g Lasagneplatten (ohne Vorkochen),
50 g geriebener herzhafter Käse

Gemüse in Olivenöl mit Pesto, Salz, Muskat, je nach Gemüse , kurz anbraten, alles zuammen! Dann stehen lassen!
Auflaufform (30x20 cm) mit Öl und Pesto bepinseln.
Butter in einem Topf erhitzen, dann Mehl zufügen. Bei schwacher Hitze rühren, bis die Mischung goldgelb ist und Blasen wirft. Saure Sahne, Milch und Pfeffer verrühren und nach und nach aufgießen. Dazwischen immer wieder glattrühren. 5 Minuten unter ständigem Rühren erhitzen, bis die Soße kocht und anzieht. Noch 1 Minute kochen und vom Herd nehmen. Käse einrühren. Etwas abkühlen lassen. Nach und nach die Eier unter ständigem Rühren zufügen.
1/3 der Soße in eine andere Schüssel gießen und beiseite stellen. Restliche Soße und Pesto zum Gemüse geben und unterrühren.
1/3 der Gemüsemischung in die Form geben und mit Lasagneblätter bedecken. So fortfahren bis die Mischung aufgebraucht ist. Mit Lasagneblätter abschließen. Restliche Soße darübergießen und mit zusätzlichem Käse bestreuen.
Wichtig: Vor dem Backen 15 Minuten ruhen lassen, damit die Nudelplatten weich werden. Kann also schon früh vorbereitet werden.
Backofen: 150 Grad vorheizen, 40 Minuten goldbraun backen.
Aus dem Backofen nehmen und abgedeckt 15 Minuten ruhen lassen, anschließend servieren. Dazu passt Salat.

Von Birgit Rauh,
Heising-Finken

Gitter-Torte

Zutaten:
Brandteig:
350 ml Wasser,
1/2 TL Salz,
1 Prise Zucker,
60 g Butter,
200 g Mehl,
5 Eier
Füllung:
300 g Spargelstangen,
125 g Champignons,
1 TL Butter,
500 g gegartes Hühnerfleisch,
125 g Kochschinken,
200 g Mayonnaise,
300 g Magerquark,
1 EL geh. Petersilie,
Zitronensaft,
Kräutersalz,
Pfeffer,
Knoblauch

Wasser mit Salz, Zucker und Butter zum Kochen bringen. Mehl auf einmal hinzufügen, bei mittlerer Hitze so lange rühren, bis ein glatter Kloß entsteht und auf dem Topfboden ein weißer Belag entsteht. Teig in eine Schüssel geben und kurz auskühlen lassen. Die Eier einzeln unterrühren. Ca. 1/3 des Teiges in einen Spritzbeutel mit Tülle Nr. 10 geben. In eine Form ein Gitter spritzen. Bei 190 Grad ca. 20 Minuten backen. Den übrigen Teig als Boden ausspritzen und auch 20 Minuten backen.
In der Zwischenzeit Spargel in 3 cm lange Stücke schneiden und 15 Minuten dämpfen. Champignons putzen, blättrig schneiden, mit Butter dünsten und abkühlen lassen. Hühnerfleisch in Streifen schneiden, Schinken fein würfeln. Mayonnaise und Quark verrühren, alle anderen Zutaten untermischen und gut würzen. Füllung auf dem unteren Boden verteilen und das Gitter darauflegen.

Von Doris Heim,
Scheffau

Hackfleischstrudel

Zutaten:
3 Scheiben Tiefkühl-Blätterteig,
250 g Hackfleisch,
1 Ei,
Salz, Pfeffer,
nach Belieben Knoblauchsalz,
40 g Schmelzkäse,
1 Eigelb

Blätterteig auftauen, aufeinanderlegen und zu einer Platte ca. 30 mal 30 cm ausrollen.
Hackfleisch, Ei und Gewürze in einer Schüssel verrühren. Die Masse auf der Blätterteigplatte verteilen.
Vom Schmelzkäse kleine Scheiben abschneiden und auf der Hackfleischmasse verteilen. Den Teig links und rechts einschlagen und aufrollen.
Das Ganze auf ein Blech legen und mit Eigelb bestreichen. Backofen auf 175 Grad vorheizen, ca. 30 Minuten backen.
Als Beilagen eignen sich: Salat, Gemüse, Püree.
Geht sehr schnell, paßt zu jedem Anlass.

Von Monika Huber, Deutensee-Steingaden

Hasenbraten

Zutaten:
1 Hase,
Salz, Pfeffer,
8 bis 10 Wacholderbeeren,
3 Lorbeerblätter,
1/2 TL Thymian,
1/2 TL Majoran,
8 Pimentkörner,
1 Orange in Würfeln

Den gespickten Hasen mit Salz, Pfeffer und Zwiebelsalz würzen. Danach in heißem Fett beidseitig kurz und scharf anbraten. Den Braten in die Röhre schieben und nach einer Weile Röstgemüse und die Zutaten dazugeben. Von Zeit zu Zeit etwas ablöschen. Den Hasen herausnehmen, die Soße etwas einkochen lassen und nachwürzen. Danach einen Schuß Rotwein und 1 EL Preiselbeeren dazugeben, abbinden und durchpassieren. Zum Schluß mit 1/4 l süßer Sahne verfeinern.
Mandarinenschnitze in Butter dünsten und darauf legen.
Röstgemüse: Karotten, Sellerie, Lauch und Zwiebeln. Alles fein schneiden.
Schmeckt sehr gut.

Von Doris Bertele,
Zipfwang-Sulzberg

Herzhafter Brokkoli-Kuchen

Brokkoli putzen, waschen und in Röschen teilen, 4 bis 5 Minuten garen und abtropfen lassen. Schinken in Würfel schneiden und die Zwiebel schälen und grob zerhacken.

Für den Teig Quark, 6 EL Milch, Öl und 1 TL Salz verrühren. 300 g Mehl und Backpulver mischen und die Hälfte unterrühren. Das restliche Mehl zugeben und alles zu einem geschmeidigen Teig verkneten. Den Teig in eine gefettete Springform geben und einen Rand hochziehen. Den Boden mit einer Gabel mehrmals einstechen. Brokkoli, Schinken und Zwiebel mischen und in die Form geben.

30 g Fett erhitzen, restliches Mehl darin anschwitzen, mit 1/2 l Milch ablöschen. Soße 4 bis 5 Minuten köcheln lassen. Die Hälfte des Käses unterrühren. Mit Gemüsebrühe, Salz, Pfeffer und Muskatnuss abschmecken. Eier und restliche Milch verrühren. Heiße Soße nach und nach unter die Eier rühren. Soße über den Brokkoli gießen und mit dem restlichen Käse bestreuen. Das übrige Fett in Flöckchen darüber verteilen. Bei 200 Grad ca. 50 Minuten backen. Ca. 10 Minuten im ausgeschalteten Backofen ruhen lassen. Den Kuchen nach dem Herausnehmen nochmals 30 Minuten stehen lassen und ihn dann lauwarm servieren.

Zutaten:
1,2 kg Brokkoli oder 1 kg Tiefkühlgemüse (Brokkoli, Karotten, Blumenkohl),
Salz, Pfeffer, Muskatnuß,
250 g gek. Schinken,
1 große Zwiebel,
Teig:
150 g Magerquark,
600 ml Milch,
6 EL Öl,
350 g Mehl,
1 Päckchen Backpulver,
40 bis 50 g Butter oder Margarine,
150 g geriebener Käse,
1 TL Instant-Gemüsebrühe,
4 Eier

Von Karin Eller,
Oberstaufen

Käse-Fleisch-Strudel

Die Butter schmelzen und mit Mehl und 150 ml lauwarmem Wasser verrühren. Den Teig auf einer bemehlten Arbeitsfläche 10 Minuten kneten, dann zugedeckt 30 Minuten ruhen lassen. Die Karotten und Zwiebeln putzen und in grobe Stücke schneiden oder raspeln. Gouda in Streifen schneiden, Petersilie hacken. 1 Ei trennen, Hackfleisch mit Quark, Ei und Eiweiß vermengen, mit Salz und Pfeffer pikant abschmecken. Ein Backblech einfetten. Den Teig ausrollen und nach außen hin mit dem Handrücken dünn ausziehen. Hackfleischmasse auf den Teig streichen, mit Möhren, Zwiebeln, Käse und Petersilie bestreuen. Teig locker aufrollen (Tuch) und auf das Backblech legen. Eigelb mit Milch verquirlen und den Strudel damit bestreichen. Im vorgeheizten Backofen bei 200 Grad 40 Minuten backen.

Dazu reicht man einen gemischten Salat oder nach Belieben eine Soße.

Der Strudel macht ein bisschen Arbeit, doch die Mühe lohnt sich.

Zutaten:
50 g weiche Butter,
250 Mehl,
2 Karotten,
5 Frühlingszwiebeln,
200 g deutscher Gouda,
1 Bund Petersilie,
2 Eier,
500 g Rinderhackfleisch,
2 EL Magerquark,
Salz,
Pfeffer

Von Klara Berkmann,
Aach-Oberstaufen
Bild: Sabine Buchmann

Käsestrudel

Zutaten:
(für 4 Personen):
450 g Blätterteig tiefgekühlt,
400 g Hackfleisch,
100 g Rauchfleisch in Würfeln,
50 g Schafskäse (zerbröckelt),
1 Ei,
200 g Brät,
5 Scheiben Emmentaler (gewürfelt),
je 1/2 grüner, roter und gelber Paprika in Würfel geschnitten,
1 kleine Zwiebel,
Salz und Pfeffer

Den Blätterteig antauen und ausrollen! Zutaten gut vermengen und würzen. Den Blätterteig füllen, aufrollen und mit Ei bestreichen. Auf ein nasses Backblech legen und bei 200 Grad ca. 30 Minuten backen.
Gutes Gelingen!

Von Marga Fischer,
Jedesheim
Bild: Ulrike Finkenzeller

Kartoffelauflauf

Zutaten:
500 bis 700 g Kartoffeln,
250 g gek. Schinken,
2 kleine Zwiebeln,
1/2 Bund Petersilie,
30 g Butter,
2 bs 3 Eier,
1/4 l Milch,
ca. 1/2 TL Salz,
etwas Muskat,
50 g ger. Käse,
ca. 30 g Butterflocken

Pellkartoffeln herstellen.
Schinken in Würfel schneiden, Zwiebel sehr fein würfeln, Petersilie waschen und fein wiegen. Zwiebel glasig dünsten, Schinken und Petersilie dazugeben. Kartoffeln schälen und in Scheiben schneiden. Auflaufform fetten, dann lagenweise Kartoffeln (leicht salzen) und Schinkenmasse einschichten, letzte Schicht Kartoffeln. Eier, Milch, Salz und Muskat miteinander verrühren und über den Auflauf geben. Mit dem geriebenen Käse und den Butterflocken belegen. Im vorgeheizten Backrohr ca. 30 bis 40 Minuten bei 200 bis 230 Grad backen.

Von Silvia Jörg,
Waltenhofen

Kartoffelauflauf mit Schinken

Zutaten:
1000 g Kartoffeln,
Salz,
200 g Schinkenspeck,
1 Zwiebel,
Margarine oder Butter zum Einfetten,
2 EL Mehl,
1/2 l saure Sahne,
1 Ei,
1 EL Semmelbrösel,
50 g geriebener Käse,
Butter

Von Ulrike Reich,
Zwerenberg-Grünenbach
Bild: Ulrike Finkenzeller

Kartoffeln waschen und kochen wie Pellkartoffeln. In Scheiben schneiden, Schinkenspeck würfeln. Zwiebeln würfeln. Eine feuerfeste Form einfetten. Die Hälfte der Kartoffeln in die Form füllen. Schinkenspeck und Zwiebeln mischen und auf die Kartoffeln geben. Darüber die restlichen Kartoffeln.

Mehl mit 3 EL saurer Sahne glattrühren. Restliche saure Sahne und das Ei dazurühren. Salzen und über die Kartoffeln gießen. Mit Semmelbröseln und geriebenem Käse bestreuen. Butter in Flöckchen draufsetzen.

Form in den vorgeheizten Backofen auf die mittlere Schiene stellen.

Backzeit 40 Minuten, E-Herd 220 Grad

Kartoffeln am Spieß

Zutaten:
750 g Kartoffeln (festkochend),
Salz,
schwarzer Pfeffer,
500 g Zwiebeln,
Kümmel,
200 g mageres Geräuchertes,
Paprika edelsüß,
1 bis 2 EL Butter

Kartoffeln waschen, schälen und in 1/2 cm dicke Scheiben schneiden und trockentupfen. Und mit Salz und Pfeffer würzen.
Zwiebeln schälen und in Scheiben schneiden und mit Kümmel würzen.
Das in Scheiben geschnittene Geräucherte mit Paprika einreiben. Die Zutaten ca. 5 Minuten ziehen lassen.
Auf Holzspieße die Zutaten abwechselnd aufspießen, am Anfang und am Ende sollte je eine Kartoffel sein. Die Spieße auf eine gefettete Alufolie legen, einwickeln und an den Enden zudrehen. Den Backofen auf höchster Temperatur vorheizen. Die Alufolie auf den Bratenrost legen und ca. 35 Minuten bei 220 Grad backen.

Von Hildegard Rösch, Köngetried

Kartoffel-Hackfleisch-Pizza

Zutaten:
3 bis 4 rohe Kartoffeln,
600 g Hackfleisch,
1 Zwiebel,
1 Ei,
1 Becher Crème fraîche,
1 Semmel,
Salz,
Pfeffer,
Pizzagewürz,
2 Tomaten,
1 Mozzarella,
geriebener Emmentaler

Kartoffeln schälen und in Scheiben (0,5 cm dick) schneiden.
Hackfleischmasse zubereiten aus Hackfleisch, Ei, Crème fraîche, Semmel einweichen, Zwiebel in Würfel schneiden und andünsten. Mit Salz, Pfeffer und Pizzagewürz würzen. Kartoffelscheiben in eine gefettete Auflaufform legen und die Masse daraufstreichen. Tomaten in Scheiben schneiden und auf der Hackfleischmasse verteilen.
Mozzarella in Wüfel schneiden, darauflegen und geriebenen Emmentaler darüberstreuen. Mit Pizzagewürz würzen. Im Backofen bei 150 Grad ca. 45 Minuten garen.
Wenn Gäste kommen, doppelte Menge und in der Bratraine vom Backofen zubereiten.

Von Brigitte Eggensberger, Ottobeuren

Kartoffelrolle süß/pikant

Zutaten:
Teig:
300 g gekochte, geriebene Kartoffeln,
300 g Mehl,
1/2 Päckchen Backpulver,
50 g Butter,
2 Eier,
3 EL Zucker,
bzw. Salz und Pfeffer
Füllung süß:
750 g Äpfel oder Zwetschgen,
etwas Zucker
Füllung pikant:
350 g Hackfleisch,
2 Zwiebeln,
1 Zehe Knoblauch,
3 EL Tomatenmark,
Salz, Pfeffer

Aus Teig-Zutaten Kartoffeln herstellen, ca. 1,5 cm dick zu einer Platte ausrollen.
Bei süßer Füllung: Obst auf Teigplatte verteilen, mit etwas Zucker bestreuen, zu einer Rolle aufrollen, auf Backblech oder Auflaufform bei 160 Grad (Heißluft) 35 Minuten backen.
Bei pikanter Füllung: Zutaten für Füllung verrühren, ebenfalls auf Teigplatte verteilen, aufrollen und auf Backblech oder Auflaufform setzen, mit Eigelb Rolle bepinseln und bei 160 Grad (Heißluft) ca. 45 Minuten backen.
Geht schnell und schmeckt klasse!

Von Christine Rauh,
Buxheim

Kassler Festschmaus

Zutaten:
für etwa 10 Personen:
1,5 kg Kassler,
Honig,
Pfeffer, Majoran,
1 Flasche Chilisauce,
2 Becher Sahne,
2 Gläser Budapester Salat,
2 Dosen Pilze,
Zwiebeln und Zitrone

Das Kassler wird mit Honig bepinselt, mit Pfeffer und Majoran gewürzt und in Alufolie etwa 1 Stunde bei 200 Grad im Backofen auf der zweiten Schiene von unten gebraten, in der Folie kalt werden lassen. Das Fleisch geschnitten in eine Bratform stellen. Zwiebeln mit Salz und Pfeffer anbraten. Pilze dazugeben und über das Fleisch verteilen. Den Saft der Zitrone darüber. Chilisoße mit der Sahne verrühren, mit dem Budapester Salat mischen. Die Marinade über das Fleisch verteilen und über Nacht stehen lassen. 45 Minuten vor dem Servieren auf der untersten Schiene bei 175 Grad ohne Deckel überbacken.

Von Anne Hefele,
Obergünzburg

Kürbisauflauf

Zutaten:
ca. 1 kg Kürbis (Hokaido oder Muskatkürbis) (verwertbares Kürbisfleisch, bei Hokaido Schale mitverwenden),
125 g reifer Bergkäse (ab 6 Monate),
125 g süße Sahne,
Muskatnuß,
Salz,
Pfeffer,
etwas Butter für die Form

Den geschälten Kürbis, Hokaido mit Schale entkernen und grob raspeln. Den Käse grob reiben. Dann schichtweise Kürbisfleisch und Käse in die gebutterte, feuerfeste Form geben. Jede Schicht mit Käse, frisch geriebenem Muskat, Pfeffer und Salz würzen. Die Eier mit der Sahne verquirlen und über den Auflauf gießen.
Bei 200 Grad etwa 20 bis 25 Minuten backen.
Vor dem Essen mit frisch gezupfter Petersilie bestreuen.
Der Auflauf schmeckt auch gut mit Kraut und Kartoffeln gemischt oder anderem Gemüse. Er ist auch sehr gut geeignet für tierisch eiweißfreie Ernährung.

Von Christine Sigg,
Wangen/Leupolz

Lasagne

Zutaten:
Hackfleischsoße:
1 EL Öl,
250 g Hackfleisch,
1/2 kleine Karotte,
1/2 Zwiebel,
1 Knoblauchzehe,
1 TL Salz,
1/2 Glas Weißwein oder Wasser,
1/2 Dose Tomatenmark,
1 große Dose geschälte Tomaten,
Petersilie und Basilikum
Bechamelsoße:
1/4 l Milch,
1 EL Mehl,
30 g Butter
Fülle:
100 g Emmentaler Käse,
50 g gekochter Schinken
4 bis 6 Teigblätter vorgegart

Hackfleischsoße: Im heißen Öl das Hackfleisch mit der kleingeschnittenen Zwiebel und Knoblauchzehe anbraten, salzen, mit Wein aufgießen und 10 Minuten bei geschlossenem Deckel dünsten. Dann das in dem Tomatensaft gelöste Tomatenmark und die Dosentomaten zugeben, mit Petersilie und Basilikum würzen. 45 Minuten leise kochen lassen.

Bechamelsoße: Mehl mit kalter Milch anrühren, Butter darin schmelzen lassen und bei kleiner Flamme 20 Minuten kochen.

Fülle: Kleingewürfelt mischen.

Lasagne: Hackfleischsoße, Bechamelsoße, Fülle und die Teigblätter nun abwechselnd in eine Auflaufform schichten. Bei 200 °C 20 bis 30 Minuten backen.

Von Stefanie Waibel,
Kippach-Wald
Bild: Sonja Stegmann

Lauch-Käse-Torte

Zutaten:
Teig:
220 g Mehl,
100 g Butter,
1/2 Hefe,
2 EL Schmand,
1 Prise Salz
Füllung:
250 g geschälte Kartoffeln,
1/2 Stange Lauch,
200 bis 250 g Sahne,
1 Ei,
30 bis 50 g Käse,
nach Belieben Salz, Pfeffer, Majoran oder Petersilie

Butter mit Schmand und Hefe verrühren, gesiebtes Mehl dazugeben, Teig ausrollen und einen Rand andrücken.
Kartoffeln reiben, Lauch in Streifen schneiden, Sahne und Ei dazugeben, Käse darunter heben und abschmecken. Das Ganze in die mit Teig ausgelegte Form geben und in einem gut vorgeheizten Backofen bei 220 Grad ca. 25 Minuten backen.

Von Doris Bertele,
Zipfwang-Sulzberg

Lauchkuchen

Zutaten:
Mürbteig:
250 g Mehl,
120 g Butter,
30 g Schmalz,
60 bis 80 g Wasser,
2 Eigelb,
1 Prise Salz
Belag:
300 g magerer geräucherter Bauch,
300 g Emmentaler,
2 bis 5 Lauch,
1 Becher Saure Sahne,
4 bis 5 Eier,
1/2 TL Salz,
1/2 TL Paprika,
1/2 TL Fondor,
1 Prise Pfeffer,
2 bis 3 EL gehackte Petersilie

Den Teig herstellen und einige Stunden ruhen lassen. Die Teigplatte kann dann 10 Minuten bei 220 Grad vorgebacken werden.
Den Lauch fein schneiden, mit dem geräucherten Schweinebauch (in Streifen geschnitten) kurz andünsten. Käse in kleine Würfel schneiden. Saure Sahne mit den Eiern vermischen, gehackte Petersilie, Salz und Gewürze dazugeben. Die Masse auf den Teigboden geben und glätten.
Bei 200 bis 220 Grad 30 bis 45 Minuten backen.
Mengenangabe für 28 cm Ø Springform.

Von Zenta Müller, Dirlewang,
Bild: Andrea Wiedemann

Leberkäsröllchen

Zutaten:
10 etwas dicker geschnittene Leberkässcheiben,
Senf,
Essiggurken,
ger. Emmentaler Käse,
10 dünne geräucherte Wammerlscheiben,
1 Dose Schältomaten oder frische Tomaten,
Salz, Pfeffer,
2 Zwiebeln

Zwiebeln in Ringe schneiden, Schältomaten oder frische Tomaten zerkleinern, alles zusammen in eine Bratraine geben, mit Salz und Pfeffer würzen und im Bratrohr erhitzen.
Leberkässcheiben mit Senf bestreichen, eine halbe Essiggurke darauflegen, etwas geriebenen Käse darüberstreuen und aufrollen wie Rouladen. Um das Röllchen eine Scheibe Wammerl wickeln und mit einem Zahnstocher befestigen. In die Bratraine zu dem Tomaten-Zwiebelgemisch legen und braten, bis die Leberkäsröllchen und das Wammerl eine schöne Farbe haben.
Guten Appetit!

Von Margit Schindele, Rückholz

Leberkäsrouladen

Zutaten:
800 g Lauch,
ca. 3 Stangen
8 große Scheiben
Leberkäse,
beim Metzger 3 mm dick
schneiden lassen,
150 g Käse,
1 EL Petersilie,
Salz,
Pfeffer,
Muskatnuß,
etwas Butter

Lauch waschen, ca. 5 cm lange Streifen schneiden, in Butter 5 Minuten dünsten und mit Salz, Pfeffer, Muskatnuß abschmecken. Käse reiben, die Leberkässcheiben mit einem Teil vom Käse bestreuen, Lauch auf die Scheiben geben, Rouladen wickeln, in eine mit Butter gefettete Auflaufform legen und mit restlichem Käse bestreuen. Bei 180 Grad ca. 20 Minuten überbacken. Mit Petersilie bestreuen und zu Kartoffelbrei servieren.
Zubereitungszeit ca. 30 Minuten
Das schmeckt sogar Männern!

Von Judith Mayer,
Berg bei Böhen

Lende à la Provence

Zutaten:
ca. 500 g Lende oder Putenschnitzel,
1 Zwiebel,
1 Glas Champignons,
1 bis 2 Becher Sahne,
2 Kräuterschmelzkäse-ecken,
2 Sahnekäseecken,
Salz,
Pfeffer,
Kräuter der Provence

Fleisch in kleine Scheiben schneiden, mit Salz und Pfeffer würzen und braten. Nach dem Braten in eine gefettete Auflaufform geben. Pilze und Zwiebel andünsten, über das Fleisch geben. Sahne erhitzen und kleingeschnittenen Käse unterrühren, bis er verläuft. Mit Kräuter der Provence abschmecken und über das Fleisch-Pilzgemisch geben. Das Ganze bei 200 Grad ca. 30 Minuten überbacken.

Von Elfriede Kolb,
Heimenkirch
Bild: Ulrike Finkenzeller

Lothringer Käsetorte

Zutaten:
Teig:
200 g Mehl,
100 g Margarine,
1/2 TL Salz,
5 EL Wasser
200 g gekochter Schinken,
3 Eier,
1/4 l Sahne,
125 g geriebener Käse,
Pfeffer

Aus Mehl, Margarine, Salz und Wasser einen Knetteig herstellen und eine Springform damit auslegen (mit Rand). Den Teigboden mehrmals mit einer Gabel einstechen.
Den Schinken in Würfel schneiden und den Teig damit belegen.
Eier, Sahne, Käse und Pfeffer verquirlen und über den Schinken gießen.
Bei 200 Grad etwa 30 Minuten backen.
Man ißt die Käsetorte warm und zum Wein.
Man kann die Käsetorte auch mit Hefeteig zubereiten.
Dazu knetet man einen Hefeteig aus 250 g Mehl, 15 g Hefe, 1/8 l lauwarme Milch, 1 Prise Salz, 1 Ei und 2 EL Öl.

Von Barbara Diebolder,
Lachen

Nudel-Spinat-Auflauf

Zutaten:
300 g breite, gekochte Nudeln (auch vom Vortag),
1 Packung Spinat (450 g),
2 Zwiebeln, gewürfelt,
300 g Wammerl, gewürf.,
1 Becher Sahne,
2 Eier,
300 g ger. Emmentaler

Wammerl anbraten, Zwiebeln dazu, durchrösten. Spinat auftauen lassen, etwas würzen (Salz, Muskat), Nudeln, Spinat, Wammerl und Zwiebel in Jena-Form einschichten; Sahne mit Eiern verrühren, Salz, Pfeffer dazu, darübergießen. Mit Emmentaler bestreuen. 45 Minuten bei 200 Grad C.
Preiswertes Restegericht.

Von Gertraud Schorer,
Unteregg
Bild: Ulrike Finkenzeller

Original italienische Pizza

Zutaten:
Teig:
500 g Mehl,
30 g Hefe in 1 TL Zucker auflösen,
ca. 1/4 l kaltes Wasser,
2 EL Öl,
1 Ei,
etwas Salz

Belag:
200 g Salami,
500 g Käse,
nach belleben Paprlka,
Oliven, Champignons,
1/2 Tasse Parmesan,
2 bis 3 EL Öl,
Oregano,
1/2 Tasse Olivenöl,
1 feingehackte Zwiebel,
2 feingehackte Knoblauchzehen,
500 g Tomaten aus der Dose,
3 EL Tomatenmark,
1 EL Oregano,
1 TL Basilikum,
1 Lorbeerblatt,
1 TL Zucker,
Salz und Pfeffer

Von Barbara Löcherer, Lengenwang

Die aufgelöste Hefe zum Mehl geben, dann das Wasser zugeben und den Teig durchrühren. Mit dem Öl, Ei und Salz zu einem glatten, festen Teig verarbeiten. Den Teig in eine Schüssel mit Deckel geben und zugedeckt 6 bis 14 Minuten kalt stellen (am besten im Kühlschrank).

Das Olivenöl erhitzen und darin die Zwiebel und den Knoblauch glasig dünsten. Tomaten, Tomatenmark, Oregano, Basilikum, Lorbeerblatt, Zucker, Salz und Pfeffer dazugeben und ca. 40 Minuten dünsten (Danach mit Zauberstab pürieren).

Den gegangenen Teig auf 2 geölte Backbleche ausrollen (per Hand) und die erkaltete Soße gleichmäßig verteilen. Gewünschten Belag darauflegen, mit etwas Öl beträufeln und Oregano oder Pizzagewürz darüberstreuen. Im Backofen bei 180 Grad ca. 20 Minuten backen.

Für uns reicht ein Blech, darum friere ich die Hälfte in 2 verschiedene Dosen ein. Bei Bedarf am Abend aus dem Gefrierschrank nehmen und das nächste Mittagessen ist gesichert.

Pfannkuchen –
raffiniert gefüllt

Zutaten:
200 g Mehl,
3/4 l Milch,
2 Eier,
1 Prise Salz,
40 g Butter,
40 g Mehl,
etwas Fett,
1/4 l Milch,
1/4 l Brühe,
1 Becher (150 g) Frischkäsezubereitung „provencale“ (10 % Fett),
Pfeffer, Muskatnuß,
1 Bund Petersilie,
1/8 l Milch
500 g Champignons,
6 Scheiben gekochter Schinken,
50 g Parmesan- oder Emmentaler Käse

Von Dorle Dorn,
Bruggen-Ausnang

Aus Mehl, Eiern, Milch und etwas Salz Pfannkuchenteig herstellen. Teig in etwas Fett nacheinander ausbacken (ergibt ca. 6 Pfannkuchen).
Butter und Mehl anschwitzen, mit Milch und Brühe ablöschen, gut durchkochen lassen. Frischkäse darin schmelzen, mit Pfeffer und Muskatnuß abschmecken, fein gehackte Petersilie dazugeben. Champignons blättrig schneiden, in etwas Butter andünsten.
Soße halbieren. In die eine Hälfte Champignons heben, unter die andere Hälfte 1/8 l Milch rühren.
Auf jeden Pfannkuchen eine Scheibe Schinken legen, Champignon-Käsesoße darauf verteilen, aufrollen und in ca. 2 bis 3 cm breite Scheiben schneiden.
Pfannkuchenscheiben in eine gefettete, feuerfeste Form schräg legen. Restliche Soße darübergeben, mit fein geriebenem Parmesan- oder Emmentaler Käse bestreuen. Unter dem heißen Grill des Backofens ca. 15 bis 20 Minuten goldgelb überbacken.

Pikanter Gemüseauflauf

Zutaten:
1 Kopf Blumenkohl,
250 g Karotten,
1 Zwiebel,
400 g Rinderhackfleisch,
50 g fetten Räucher-speck,
1/4 l Milch,
1/4 l Gemüsebrühe (selbst bereitet oder Fertigprodukt)
2 Ecken Salami-Schmelzkäse,
1 Bund Petersilie,
2 EL Öl,
1 EL Butter,
Salz,
frisch gemahlenen weißen Pfeffer,
Thymian,
Paprikapulver (edelsüß),
Currypulver

Blumenkohl waschen und in Röschen zerteilen. Die Möhren vorbereiten und in Scheiben schneiden. Möhren und Blumenkohl zusammen in möglichst wenig Salzwasser 15 Minuten garen.
Inzwischen die Zwiebel schälen und würfeln, in einer Pfanne im erhitzten Öl anschmoren.
Das Hackfleisch dazugeben und alles anbräunen.
Die Masse mit Salz, Pfeffer, Curry und Thymian abschmecken, von der Kochstelle nehmen, dann mit Paprikapulver würzen.
In eine gefettete feuerfeste Form abwechselnd die abgetropften Blumenkohlröschen, Möhrenscheiben und das angebratene Hackfleisch schichten.

Von Maria Kuhn,
Unterhaslach-Ottobeuren
Bild: Ulrike Finkenzeller

In einem kleinen Topf feingewürfelten Räucherspeck in erhitzter Butter anbräunen. Evtl. ausgebratenes Fett abgießen.
Mit Milch und Gemüsebrühe aufgießen und den in kleine Flöckchen zerteilten Schmelzkäse unter Rühren darin auflösen.
Rühren Sie nun ungefähr die Hälfte der gehackten Petersilie in die Soße.
Mit Zitronensaft, frisch gemahlenem weißem Pfeffer und einer Spur geriebener Muskatnuß abschmecken.
Die Käsesoße nun über den Auflauf gießen.
In der auf 225 Grad vorgeheizten Röhre den Auflauf 20 Minuten überbacken.
Vor dem Servieren evtl. mit der restlichen Petersilie bestreuen.
Dazu gibt es dann Salzkartoffeln, Kartoffelbrei oder Reis.

Pikanter Lauchstrudel

Zutaten:
Teig:
200 g Mehl 1050,
1 Ei,
1 Prise Salz,
3 EL Öl,
ca. 1/8 l lauw. Wasser
Füllung:
4 Stangen Lauch,
3 Karotten,
1 Zwiebel,
200 g gek. Wammerl,
30 g Margarine,
2 EL Mehl,
1 Ei,
1/8 l Brühe,
Salz, Pfeffer,
Knoblauch, Curry,
etwas Sahne

Von Sonja Natterer, Buxheim

Teig: Mehl, Ei, Salz, Öl und Wasser zu einem geschmeidigen Strudelteig zusammenkneten und unter einer feucht angewärmten Schüssel 30 Minuten ruhen lassen.
Lauchfülle: Gemüse waschen und schälen. Wammerl, Zwiebel und Karotten in feine Würfel schneiden. Lauch in feine Scheiben schneiden. Nun das Wammerl anbraten, danach die geschnittenen Zwiebel und Karotten dazugeben und andünsten, etwas später den geschnittenen Lauch untermischen und mitdünsten lassen. Wenn das Gemüse soweit fertig ist, wird es mit Mehl bestäubt und danach mit der Brühe aufgegossen. Dann wird die Gemüsefülle von der Herdplatte genommen und mit Salz, Pfeffer, Curry und Knoblauch abgeschmeckt, danach wird das Ei unter die Lauchfülle gerührt. (Fülle kühl stellen). Den Teig nun auf einem bemehlten Geschirrtuch mit flacher Hand sehr dünn ausziehen, nun den ausgezogenen Strudelteig mit der Lauchfülle dünn bestreichen, Ränder nun etwas einschlagen und locker aufrollen, den Strudel dann auf ein eingefettetes Backblech legen, so dass der Teigrand nach unten zu liegen kommt. Nun den Strudel mit Sahne bestreichen und bei 175 bis 180 Grad 30 bis 45 Minuten backen.
Dazu passt eine Käsesoße und Salzkartoffeln.

Pikante Schnitte

Zutaten:
400 g Mehl,
1 Päckchen Trockenhefe,
135 g Margarine,
200 g Schmand,
1 TL Salz, etwas Pfeffer,
Belag:
1 Dose Champignons,
2 bis 3 Paprika,
200 g Salami,
2 Becher Crème fraîche
Kräuter,
100 g geriebener Käse

Grundteig herstellen. Backblech ausfetten. Das Mehl mit den anderen Grundzutaten verrühren, bis der Teig schön glatt ist. Anschließend den Teig auf dem Backblech ausrollen.

Belag:

Champignons, Paprika und Salami kleinschneiden. Käse reiben. Salami, Champignons und Paprika auf den Teig geben, das Ganze mit Crème-fraîche bestreichen und anschließend mit Käse bestreuen. Bei 200 Grad 30 Minuten backen.

Von Christine Hörmann,
Greimeltshofen

Pizza-Pfannkuchen

Zutaten:
250 g Mehl,
1 Prise Salz,
4 Eier,
1/2 l Milch,
100 g Salami,
50 g Bergkäse,
Pizzagewürz,
Butterschmalz

Mehl, Salz und Eier mit einem Schneebesen verrühren, Milch nach und nach dazugeben. Salami sehr fein schneiden, Käse reiben. Salami, Käse und Pizzagewürz (Menge je nach eigenem Wunsch) unter den Pfannkuchen-Teig mischen. In einer Pfanne etwas Butterschmalz erhitzen und aus dem Teig Pfannkuchen backen.
Wir essen zu diesem Gericht gerne Salat.

Von Cordula Hutschneider,
Tettnang-Baldensweiler,
Bild: Andrea Wiedemann

Quiche Lorraine

Zutaten:
Für Mürbeteig:
250 g Mehl,
1 Eigelb,
1/2 TL Salz,
1 bis 2 EL Wasser,
125 g Butter
Für den Belag:
100 g Schinken, gekocht,
1 grüne Paprikaschote,
3 Tomaten,
100 g Gouda oder
Emmentaler
Für Eiermilch:
3 Eier,
1 TL Petersilie,
Pfeffer, Salz,
1 Becher Sauerrahm

Mürbeteig herstellen, Springform damit auslegen und Rand hochziehen. Mit Schinkenstreifen, Paprikawürfel, Tomatenscheiben und Käsestreifen belegen. Eiermilch herstellen und darübergießen.
Im vorgeheizten Backofen bei 200 Grad ca. 30 Minuten backen.
Beilage: grüner Salat

Von Hildegard Breher,
Gösers-Buchenberg
Bild: Gabi Striegl

Raclette-Ramequin

Zutaten:
1 kleines Stangenbrot,
2 Tomaten,
400 g Raclettekäse oder Greyerzer,
100 g Schinkenscheiben,
Guß: 100 ml Milch,
100 ml Sahne,
5 Eier,
Gewürz zum Abschmecken

Das Brot in ca. 2 cm dicke, den Käse in dünne, die Tomaten in dicke Scheiben schneiden. Eine flache Auflaufform einfetten. Brot, Tomaten, Käse und Schinken dachziegelartig hineinlegen. Für den Guß alle Zutaten miteinander verquirlen, nach Belieben würzen, über die Scheiben gießen. Offen goldbraun backen. Mit frischem Salat servieren.

Dieses Gericht ist schnell zubereitet und eignet sich hervorragend als Vorspeise oder Snack. Bei 200 Grad 30 bis 35 Minuten backen.

Von Claudia Barnsteiner, Altdorf
Bild: Anke Wirth

Rinderfilet
in Brät-Blätterteigmantel

Zutaten:
1 kg Rinderfilet,
100 g Kalbsbrät,
1 Zwiebel,
1 EL gehackte Petersilie,
1 Ei,
1 EL Mehl,
Gewürze,
100 g Champignons (Pilze),
1 Packung tiefgekühlter Blätterteig,
1 Eiweiß,
1 Eigelb

Das Filet gut würzen (Salz, Pfeffer, Paprika), von allen Seiten gut anbraten. Abkühlen lassen. Petersilie, Zwiebel und Pilze leicht anrösten und mit dem Kalbsbrät und restlichen Zutaten eine cremige Brätmasse herstellen. Blätterteig zu einem großen Rechteck ausrollen.
In die Mitte der Teigplatte 1/4 der Brätmasse streichen, das Filet daraufsetzen, mit der restlichen Brätmasse rundherum bestreichen. Den Blätterteig über dem Filet zusammenschlagen. Die Teigränder mit Eiweiß bestreichen und fest andrücken.
Den Blätterteig mit dem verquirlten Eigelb bestreichen. Das Filet bei 220 Grad ca. 45 Minuten backen.
Vor dem Aufschneiden ca. 15 Minuten ruhen lassen. Dazu passen der Jahreszeit entsprechend verschiedene Salate.
Gutes Gelingen!

Von Veronika Diem,
Wangen-Leupolz

Risi-Pisi
(Reis und Erbsen)

Zutaten:
50 g Butter,
1 kleine Zwiebel feingehackt,
50 g Pancetta oder ungeräucherter duurchw. Speck gehackt,
600 g Schotenerbsen oder 300 g gefrorene junge Erbsen,
150 ml Weißwein,
Salz und Pfeffer,
250 g Reis,
Brühe nach Bedarf,
25 g Parmesan

25 g Butter zerlassen, Zwiebeln hineingeben, 5 Minuten dünsten.
Den Pancetta zu den Zwiebeln geben und 1 Minuten dünsten, frische Erbsen jetzt zugeben. 10 Minuten kochen lassen, bei Bedarf etwas Brühe zugeben.
Den Reis und die Brühe hinzufügen und durchrühren. 10 bis 15 Minuten dünsten lassen, bis der Reis gar ist. Den Reis ein- bis zweimal umrühren. Bei tiefgefrorenen Erbsen diese 5 Minuten vor Ende der Garzeit zugeben.
Wenn der Reis und die Erbsen weich sind, die restliche Butter und den Parmesan zugeben. Abschmecken.
Viel Spaß beim Kochen
und einen guten Appetit!

Von Renate Rädler,
Opfenbach

Rouladen
von Rind oder Pute in Sahnesoße

Zutaten:
4 Rindsrouladen,
4 Scheiben Schinken,
4 Scheiben Käse,
Salz,
Pfeffer,
Paprika,
2 Becher Sahne,
100 g geröstete Zwiebel,
etwas Salz und Pfeffer,
Majoran

Rouladen würzen, mit Schinken und Käse das Ganze aufrollen. In eine Auflaufform die aufgerollten Rouladen reinlegen. Dann Sahne und die gerösteten Zwiebel darübergießen. Bei 200 Grad 50 bis 60 Minuten backen.
Kann gut vorbereitet werden und dann einschalten wenn's gebraucht wird.

Von Stefanie Herz,
Ermengerst-Wiggensbach

Schafskäse-Zucchini-Kuchen

Zutaten:
Hefeteig:
250 g Mehl,
1/2 TL Salz,
2 EL Olivenöl,
70 ml Wasser lauwarm,
70 ml Milch lauwarm,
20 g Hefe
Füllung:
1 Zwiebel,
2 Knoblauchzehen,
2 EL Olivenöl,
800 g Zucchini,
Salz, Pfeffer, Rosmarin,
Thymian,
200 g Schafskäse
Guß:
100 ml Milch,
100 ml Sahne,
3 Eier

Hefeteig zubereiten, 30 Minuten gehen lassen. Zwiebel würfeln, Knoblauchzehen fein würfeln und beides in Öl anbraten (glasig dünsten). Die Zucchini in Stifte schneiden oder hobeln und dann zu den Zwiebeln in die Pfanne geben, kräftig würzen. Schafskäse würfeln und unter die Masse heben.

Milch, Sahne und Eier verrühren.

Hefeteig ausrollen und eine 28 Ø Springform Boden und Rand damit auslegen.

Gemüse in der Form verteilen und die Eiermasse darübergießen. Im vorgeheizten Backofen bei 200 Grad 35 Minuten backen.

Von Silvia Uhl,
Erkheim

Schinkenauflauf

Zutaten:
500 g Emmentaler ger.,
500 g gekochter Schinken in Würfel geschnitten,
2 Becher Sahne,
2 Zwiebel gewürfelt.,
etwas Knoblauch fein gehackt,
8 Eier
etwas Kräuter,
Salz und etwas Pfeffer,
tiefgekühlter Blätterteig (für 1 Blech)

Aufgetauten Blätterteig auf Blech auslegen. Eier schaumig rühren, Zwiebel und Knoblauch, Sahne und Kräuter, Gewürze, Käse und Schinken unterheben. Masse auf Blätterteig geben und bei 170 Grad ca. 20 bis 30 Minuten backen, bis er schön braun ist!
Ein Rezept, das einfach geht, schnell zubereitet ist, immer gelingt und besonders gut schmeckt! Dazu reicht man grünen Salat oder frisches französisches Weißbrot.

Von Rosi Höbel,
Günzach-Autenried

Schweinefilet
für festliche Anlässe

Schweinefilet vorbereiten, Butter erhitzen und das Fleisch von allen Seiten kräftig anbraten und dann gut abkühlen lassen.
Zwiebel und Schinken in feine Würfel schneiden, mit etwas Butter anbraten, Pilzen dazugeben und auch abkühlen lassen.
Brät cremig schlagen, 1 Ei, Salz, Pfeffer und Muskatnuß dazugeben, nochmals rühren. Bei Bedarf Semmelbrösel hinzufügen (Brät soll nicht zu fest sein).
Das alles kann gut einen Tag zuvor vorbereitet werden!
Blätterteig auftauen lassen und die Platten zu einem Rechteck auslegen und gut festdrücken. Rand mit Eiweiß bestreichen. Auf den Blätterteig das Brät geben. Darauf dann die Zwiebel-Schinkenmasse. Zum Schluss das gut ausgekühlte Filet legen und in den Blätterteig einrollen. Eventuell Blätterteig mit Blätterteigstreifen je nach Anlass verzieren. Mit Eigelb bestreichen und im vorgeheizten Backofen bei 200 Grad ca. 1 Stunde backen.

Zutaten:
300 g Blätterteig,
750 g Schweinefilet,
40 g Butter, 1 Zwiebel,
100 g Pilze geschnitten,
100 g Wammerl oder gekochten Schinken,
200 g Brät,
2 Eier,
eventuell 1 EL Semmelbrösel,
Salz, Pfeffer,
Muskatnuß

Von Brigitte Natterer,
Bad Grönenbach
Bild: Sabine Buchmann

Schweizer Rolle

Zutaten für 6 Personen:
400 g Blätterteig,
750 g Brät,
12 Scheiben Schinken,
12 Scheiben Emmentaler,
2 Eier,
1 große Zwiebel,
Petersilie,
etwas Butter

Brät mit einem Ei verrühren.
Zwiebel in Würfel schneiden, in Butter glasig dünsten, Petersilie zugeben und unter Brätmasse rühren.
Den Blätterteig zu einem Rechteck ausrollen, darauf erst eine Schicht Brät, Schicht Schinken, Schicht Brät, Schicht Emmentaler, Schicht Brät geben. Das 2. Ei trennen. Mit Eiweiß die Ränder des Blätterteigs einstreichen. Den Teig einrollen und auf ein gefettetes Backblech legen und mit einem Zahnstocher 25- bis 30-mal einstechen, dann mit zerlassener Butter bestreichen und 1 1/2 Stunden bei 180 Grad backen.
10 Minuten vor Ende der Backzeit mit Eigelb bestreichen. Dazu Salate servieren.
Kann man auch einen Tag vorher zubereiten und dann erst später backen.

Von Anita Schrittenlocher, Sontheim

Schwindelbraten

Zutaten
für ca. 10 Portionen:
1 Zwiebel,
1 Lauch,
1 Karotte,
1/2 Knolle Sellerie,
1 l Wasser,
1/2 l Rotwein,
1/2 l Essig,
1 Lorbeerblatt,
2 EL zerstoßene Wacholderbeeren,
2 EL zerstoßene Pfefferkörner,
1 EL Nelken,
100 g Senfkörner,
1 gestrichener EL Basilikum,
1 gestrichener EL Salz,
Schale von 1 Zitrone,
2 kleine Fichtenzweige,
1 1/2 kg Schweinenacken (Hals),
2 EL Fett,
1/2 l Bratensoße,
1/4 l Rahm,
1 Stamperl Kirschlikör,
3 EL Preiselbeerkompott

Wurzelwerk putzen und grob zerkleinern, mit Gewürzen und Fichtenzweig ins Wasser-Rotwein-Essig-Gemisch geben und kurz aufkochen. Die Beize erkalten lassen und über das Fleisch gießen. Mindestens 1 Woche an einem kühlen Ort darin liegen lassen. Das Fleisch gut abtrocknen, im Fett auf allen Seiten gut anbraten. Unterdessen die Beize durch ein Sieb gießen und damit von Zeit zu Zeit den Braten ablöschen. Nach 1 Stunde die heiße Bratensoße dazugeben und den Braten darin 30 Minuten ziehen lassen. Zum Schluß Braten in Scheiben schneiden, die Soße mit Rahm, Kirschlikör und Preiselbeeren verfeinern.

Passende Beilagen: Blaukraut und Kartoffelknödel.

Erzählen Sie Ihren Gästen es wäre Wildschweinbraten. Bestimmt merkt keiner Ihren kleinen Schwindel.

Von Centa Baum,
Derndorf-Kirchheim

Tortelliniauflauf

Zutaten:
ca. 700 g Tortellini,
1 Zucchini,
1 Paprika,
4 Tomaten,
1 Packung Parmesan
Soße:
1 Becher Sahne,
1/2 Becher Milch,
1 1/2 EL Speisestärke,
Salz, Pfeffer

Tortellini kochen wie auf der Packung vorgegeben. Zucchini und Tomaten in Scheiben schneiden. Paprika in kurze Streifen schneiden. Für die Soße Sahne und Milch kochen. Die angerührte Speisestärke in die kochende Sahne einrühren und würzen. 1/3 der Tortellini in eine gebutterte Auflaufform geben, darüber die Hälfte von den Zucchinis, Paprika und Tomaten legen und würzen. Etwas Soße und Parmesan darübergeben. Dasselbe nochmals wiederholen. Am Schluß den Auflauf mit den Tortellinis abdecken und mit der Soße und dem Parmesan bestreuen.
Bei 180 Grad 30 Minuten überbacken.

Von Angelika Peter,
Hofs-Wiggensbach

Tortelliniauflauf

Zutaten:
500 g Tortellini,
2 kleine Zwiebeln,
10 große Champignons,
200 g mittelalter Gouda,
200 g passierte Tomaten,
Salz,
Pfeffer,
Oregano,
120 g Crème fraîche

Die gekochten Tortellini in eine gefettete Auflaufform geben, mit einer Schicht aus gerösteten Zwiebeln und Champignonscheiben bedecken und darüber mit etwas Salz, Pfeffer und Oregano gewürzte passierte Tomaten geben. Das Ganze mit etwas Crème fraîche bestreichen und mit Käse überbacken.

Von Marianne Brey,
Pfaffenwinkel, Memmingen

Überbackene Putenschnitzel

Zutaten:
6 Putenschnitzel,
1 Packung Zwiebelsuppenpulver,
250 g geriebener Emmentaler,
1 Glas Champignons,
1 Becher Sahne

Schnitzel in eine Auflaufform geben und mit dem Zwiebelsuppenpulver bestreuen.
Die Hälfte des Käses darübergeben, dann die Pilze darauf verteilen. Restlichen Käse und Sahne darübergießen.
Im Backofen bei ca. 180 Grad ca. 1 Stunde backen.
Läßt sich gut vorbereiten!

Von Evi Berkmann,
Reuter-Immenstadt
Bilder: Sylvia Weixler

Überbackene Schnitzel

Zutaten:
4 Schnitzel,
2 große Zwiebeln,
1 Dose Champignons,
2 EL Semmelbrösel,
Salz,
Pfeffer,
1 Glas Weißwein,
1 Becher Sahne,
200 g geriebenen Käse

Schnitzel mit Salz, Pfeffer und Paprika würzen, mit Mehl stauben. Margarine in den Topf geben, Schnitzel auf beiden Seiten natur anbraten, Zwiebel dazu, mit etwas Wasser aufgießen und zugedeckt weichdünsten. Die Schnitzel aus dem Topf nehmen und in eine feuerfeste Form legen. In der Pfanne klein geschnittene Zwiebel leicht andünsten, Champignonscheiben und Semmelbrösel dazugeben. Mit Salz und Pfeffer würzen, Wein und Sahne unterrühren. Alles über die weichen Schnitzel geben, am Schluss geriebenen Käse darüberstreuen, zugedeckt im Rohr bei 200 Grad überbacken, bis der Käse zerläuft.

Vor dem Anrichten mit fein geschnittener Petersilie bestreuen.

Es können Schweine-, Puten- oder Kalbsschnitzel verwendet werden.

Von Helena Ziegler,
Buchloe/Honsolgen

Würzige Schnitzelpfanne

Zutaten:
12 große Schnitzel,
Öl,
Senf,
Tomatenmark,
250 g Speckwürfel,
3 Zwiebeln (in Würfel),
2 Gläser Pusztasalat,
1 Glas (groß) Champignons,
1/2 l Sahne,
1 Becher Schmand,
2 Packungen Tomatensoße

Die Schnitzel auf beiden Seiten kurz anbraten. Mit Senf und Tomatenmark bestreichen. Speck ausbraten, Zwiebel dazugeben, kurz durchdünsten, in große Bratpfanne geben, Schnitzel darauf verteilen. Pusztasalat und Pilze abtropfen lassen, über die Schnitzel geben. Sahne, Schmand und Soßenpulver vermischen, über den Schnitzeln verteilen. Das Ganze 12 Stunden ziehen lassen.
Bei 160 Grad 1 Stunde im Ofen backen.
Dazu passen Kroketten, Spätzle oder Baguette.
Läßt sich sehr gut vorbereiten.

Von Hildegard Krohmer,
Hiemen-Altusried
Bild: Sylvia Weixler

Zorros Pizza

Zutaten:
200 g Emmentaler,
200 g gekochten Schinken,
1 Zwiebel,
150 g Butter,
Saft von 1/2 Zitrone,
2 Eier,
Petersilie,
Salz,
Pfeffer,
Toastbrot oder Laugensemmel

Zwiebel würfeln und in Butter andünsten, Petersilie ebenfalls leicht mitdünsten. Von der Herdplatte nehmen. Emmentaler hobeln, Schinken würfeln, alles zusammen mit Eier, Zitronensaft mischen. Mit Salz und Pfeffer abschmecken. Auf Toastbrot oder Laugensemmel streichen.
Im Backofen bei 200 Grad ca. 10 Minuten überbacken.

Von Maria Osterried,
Roßmoos/Stötten

Zucchinitorte

Zutaten:
Teig:
140 g Mehl,
75 g Butter,
100 g Magerquark,
Salz,
abgeriebene Schale von
1/2 Zitrone
Füllung:
ca. 500 g Zucchini,
4 Tomaten,
1 bis 2 Zwiebeln,
2 Knoblauchzehen,
ca. 250 g Speckwürfel,
1 Ei,
1/8 l Rotwein,
1/2 Becher Sahne,
1 Becher Crème fraîche,
200 g Reibekäse
Salz, Pfeffer,
Basilikum, Majoran

Die Zutaten für den Teig in der Küchenmaschine zu einem geschmeidigen Teig verkneten.
Zucchini, Tomaten, Zwiebeln und Knoblauchzehen andünsten und mit 2 EL Mehl bestäuben. Mit Rotwein ablöschen, die restlichen Zutaten untermischen. Mit Salz, Pfeffer, Basilikum und Majoran kräftig würzen.
Teig in eine Springform (26 cm) geben und einen Boden und Rand formen. 5 Minuten vorbacken. Zucchini-Masse einfüllen und bei 200 Grad ca. 40 Minuten backen, bis die Zucchinitorte schön knusprig aussieht.

Von Brigitte Heckelsmüller,
Eschachried
Bild: Rosi Müller

Zwiebel-Schnitzel

Zutaten:
4 Putenschnitzel oder Schweineschnitzel,
2 Packungen Zwiebelsuppe,
2 bis 3 Becher Sahne,
nach Belieben 1/8 bis 1/4 l Weißwein,
nach Belieben 1 Dose Pilze

Die Zwiebelsuppe in die ungeschlagene Sahne gut einrühren und nach Belieben Weißwein und Pilze zugeben. Die Schnitzel ungewürzt in eine ausgefettete Auflaufform oder ähnliches geben, mit der Sahnemasse übergießen und bei ca.175 Grad 45 bis 60 Minuten backen.
Kann am Vorabend schon fertig hergerichtet werden.

Von Ursula Mayer, Gumpratsried (Bild unten) und von Ursula Endres, Bad Grönenbach (Bild oben)

Aus einem Topf

Alles aus einem Topf

Zutaten:
600 g Kartoffeln,
1 kleiner Kopf Weißkraut,
2 große Zwiebeln,
4 EL Öl,
Salz,
Pfeffer,
Kümmel,
500 g Hackfleisch,
125 ml Brühe

Kartoffeln und Zwiebeln waschen und in dünne Scheiben schneiden.
Weißkraut putzen, in dünne Streifen schneiden und 3 Minuten blanchieren. Hackfleisch anbraten und würzen. Öl in einem Topf erhitzen, die Hälfte des Weißkrauts einfüllen, dann die Hälfte der Kartoffeln und Zwiebeln. Nun das Hackfleisch darauf geben und wieder Kartoffeln, Zwiebeln und Weißkraut. Gemüsebrühe hinzugeben und alles leicht würzen.
Den Topf verschließen und bei 160 Grad etwa 90 Minuten im Backofen garen.
Tipp: Kann auch mit Grünkohl und Hackfleisch gemacht werden.

Von Roswitha Köhler,
Kalzhofen-Oberstaufen

Asiatische Hackfleischpfanne

Zutaten:
1 kleiner Weißkohl (ca. 700 g),
125 g japanische Weizennudeln (Chuka Soba),
4 EL Keimöl,
500 g Rinderhackfleisch,
Salz,
gem. frischer Pfeffer,
1 EL Dayong (chinesische Gewürzmischung),
4 bis 5 EL Sojasoße

Der Weißkohl halbieren, die Hälften in sehr feine Streifen schneiden. Am besten geht es mit dem Gurkenhobel. Die Nudeln nach Packungsanweisung bissfest kochen. 2 EL Öl in einem Wok oder Pfanne erhitzen und das Hackfleisch in kleinen Portionen anbraten, herausnehmen und warm halten. Das restliche Öl in der Pfanne erhitzen und die Weißkohlscheiben unter Rühren glasig dünsten. Sie dürfen nicht bräunen. Die abgetropften Nudeln etwas kleinschneiden und mit dem Hackfleisch unter die Kohlstreifen mischen. Mit Salz, Pfeffer, Dayong und Sojasoße würzig abschmecken.
Guten Appetit!

Von Daniela Michel,
Marktoberdorf

Backofensuppe

Zutaten
für 8 bis 12 Personen:
1 kg Schitzelfleisch,
1 Dose Mais,
1 Dose Pilze,
1 Dose Erbsen mit Saft,
1 Dose Ananas mit Saft,
1 1/2 Zwiebeln,
1 Glas Chilisoße (250 ml),
1 Glas Tomatenketchup (500 ml),
1 Becher süße Sahne

Alle Zutaten in einen großen Topf ohne Plastikgriffe. Fleisch und Zwiebel klein bzw. in Ringe schneiden. Dann 2 Stunden bei 180 Grad in den Backofen. Die Sahne kommt erst zum Servieren in die Suppe.
Die Suppe kann man gut vorher vorbereiten und dann einfach backen.

Von Susanne Eggel,
Vorderreute-Wertach
und von Maria Kennerknecht,
Leiterberg/Betzigau
Bild: Gerlinde Hörmann

Bayernsuppe

Zutaten:
1 große Dose Champignons,
100 g Butter,
1 l Fleischbrühe,
2 EL Mehl,
1/4 l Sahne,
100 g geräucherter Speck (durchwachsen),
2 EL Öl,
500 g Rinderhackfleisch,
2 Stangen Lauch,
Salz,
Pfeffer,
Schmelzkäse 3 Ecken

Champignons abtropfen lassen, in Butter andünsten, Fleischbrühe (eventuell auch Würfel) aufkochen und aufgießen. Die Sahne in einer großen Tasse mit dem Mehl verrühren und in die kochende Suppe einrühren. Das Champignon-Fleischbrühe-Gemisch ca. 8 Minuten köcheln lassen. Verwenden Sie dazu einen großen Topf.
Als nächstes den Speck in einer Pfanne in Öl anbraten (Speck kleingewürfelt geschnitten), das Hackfleisch dazugeben und langsam weiterbraten. Den gewaschenen, in feine Ringe geschnittenen Lauch dazugeben und mitdünsten lassen. Das ganze Hackfleischgemisch in die heiße Suppe geben, mit Salz und Pfeffer abschmecken. Drei Ecken Schmelzkäse in kleine Flöckchen schneiden und zur Suppe geben, schmelzen lassen. Vor dem Servieren Schnittlauch auf die Suppe streuen.
Dazu passt Stangenweißbrot.

Von Vevi Endres,
Weißensee-Fischen

Bohnenpfanne „mexikanisch“

Zutaten:
500 g Rinderhack,
2 Eigelb,
1 mittelgroße Zwiebel,
1 EL Worchestersauce,
1 Dose Kidney-Bohnen,
1 Dose gehäutete Tomaten,
Salz,
Pfeffer,
1 Zwiebel in Spalten geschnitten,
Chilipulver,
1 rote Paprikaschote

Zwiebel ganz fein würfeln, Eigelb, Salz und Pfeffer, Worchestersauce zum Rinderhack geben, verkneten und kleine Kugeln formen. Diese in einer Pfanne mit etwas Öl von allen Seiten gut anbraten. Kugeln aus der Pfanne nehmen. Die in Spalten geschnittene Zwiebel und Paprikaschoten anbraten, Bohnen und Tomaten zugeben, auch die Kugeln. Alles ca. 30 Minuten leicht kochen, Gemüse sollte noch bißfest sein. Mit Chilipulver und Worchestersauce würzen. Reichlich mit Petersilie bestreuen.
Dieses Gericht kann man für mehrere Gäste einen Tag vorher herrichten, in den Kühlschrank stellen, am nächsten Tag fertigkochen. Dazu passt sehr gut selbstgemachter Kartoffelbrei, Reis und Salat.

Von Anneliese Schädler, Heimenkirch-Wolfertshofen

Bohnensuppe süß-sauer

Zutaten:
ca. 250 g Bohnen,
ca. 250 g Karotten,
ca. 400 g Kartoffeln,
1 bis 2 EL Margarine,
3 bis 4 EL Mehl,
Salz, Zucker, Essig

Gemüse in ca. 1 bis 2 cm große Würfel schneiden, in Salzwasser bissfest kochen. (Bei Tiefkühl-Bohnen kürzere Garzeit beachten.)

Aus Margarine und Mehl helle Einbrenne machen, mit Wasser ablöschen, auch Gemüse-Kochwasser zugeben, aufkochen lassen. (Zusammen ca. 1,5 bis 2 L). Mit einem Schuß Essig, 2 bis 3 EL Zucker und 1 bis 2 TL Salz süß-sauer abschmecken.

Gemüse zugeben, nochmals abschmecken und servieren.

Von Anita Ruf,
Hohenreuten

Budapester Eintopf

Zutaten:
300 g Rind- oder Schweinefleisch in Würfel,
300 g Zwiebeln,
150 g geräucherten Speck,
4 bis 5 Kartoffeln,
3 Tomaten,
2 rote Paprika,
ca. 1/2 bis 3/4 l Wasser,
etwas Fett zum Anbraten,
Salz, Pfeffer,
Paprika, Majoran,
1 getrocknete Chilischote,
eventuell Maggi

Speck, Zwiebeln kleinschneiden, in einem höheren Fleischtopf hellgelb anrösten. Fleischwürfel dazugeben und anbraten. Die kleingeschnittenen Tomaten-, Paprika- und Kartoffelwürfel sowie die Gewürze zum Fleisch geben und mit Wasser aufgießen. Der Inhalt soll mit Wasser bedeckt sein. Zugedeckt ca. 1 Stunde köcheln lassen. Öfters umrühren. Das Fleisch soll sehr zart sein. Vor dem Servieren noch abschmecken. Dazu schmecken sehr gut Spätzle.

Von Lucia Schweizer,
Altenstadt
Bild: Ulrike Finkenzeller

Bunte Krautsuppe
mit Rindfleisch

Zutaten:
500 g Rindfleisch,
50 g Butterschmalz,
1 Zwiebel,
1 Tasse Rotwein,
400 g Weißkraut,
je 200 g Karotten und Sellerie,
1 Stange Lauch,
1 l Fleischbrühe,
250 g Kartoffeln,
2 rote Paprika,
1 Lorbeerblatt,
Pfeffer, Salz

Das Fleisch in Würfel schneiden. Butterschmalz in einem Topf erhitzen und das Fleisch 5 Minuten darin anbraten. Zwiebeln zugeben und goldgelb werden lassen, mit Rotwein ablöschen. Das Gemüse putzen und kleinschneiden. Alles bis auf Paprika zum Fleisch geben und mit der Fleischbrühe aufgießen. Gewürze zugeben und im Schnellkochtopf ca. 20 Minuten schmoren (oder 60 Minuten bei 180 Grad).
Die Kartoffeln schälen, in Würfel schneiden und 5 bis 10 Minuten vor Garzeitende zur Suppe geben, ebenso die Paprika kleinschneiden und zugeben.
Zum Servieren: 1 Bund Petersilie waschen, hacken und zum Servieren drüberstreuen.
Schmeckt aufgewärmt fast nochmal so gut!

Von Jennifer Timm,
Hamburg

Chili con Carne

Zutaten:
1,5 kg gemischtes Hackfleisch,
5 bis 6 Knoblauchzehen,
6 EL Öl,
2 große Dose geschälte Tomaten,
Salz, Pfeffer,
1/2 TL Kümmel,
1/8 l Rotwein,
3 Zwiebeln,
3 Chilischoten oder Rote Peperoni,
2 EL Tomatenmark,
1/4 TL Chilipulver,
etwa 1 L Fleischbrühe,
2 Dose Rote Bohnen,
eventuell einige Kartoffeln

Die Zwiebeln fein würfeln, Knoblauchzehen zerdrücken. Die Chilischoten oder Peperoni aufschneiden, Samen und Rippen entfernen, klein schneiden. In einem großen Topf das Öl erhitzen und das Hackfleisch unter Rühren darin anbraten. Nach 10 Minuten die Zwiebelwürfel und die Chilischote dazugeben, anschließend den Knoblauch hinzufügen. Die Tomaten mit dem Saft und das Tomatenmark hineinrühren und alles mit Salz, Pfeffer, Chilipulver und Kümmel würzen. Fleischbrühe und Rotwein hinzufügen und das Ganze etwa 45 Minuten kochen lassen.
Die Bohnen und gewürfelte Kartoffeln dazugeben, so lange weitergaren, bis die Kartoffeln durch sind, abschmecken und servieren.
Gutes Gelingen!

Von Hilde Guggemos,
Wald-Wetzlers

Eintopf „Vino“

Zutaten:
500 g Schweinegulasch,
200 g roh geräuchertes Wammerl,
Olivenöl,
Salz,
Pfeffer,
1 Knoblauchzehe,
1 große Zwiebel (gewürfelt),
1/2 l Weißwein
1/2 l Gemüsebrühe,
ca. 1 kg gemischtes Gemüse gewürfelt (Kartoffeln, Karotten, Rosenkohl, Blumenkohl, Brokkoli, Sellerie, Bohnen, oder anderes)

Zwiebeln, Knoblauch, Fleisch und Wammerl im Olivenöl scharf anbraten. Würzen und mit Brühe und Wein aufgießen und etwas kochen lassen. Das Gemüse dazugeben, nochmals etwas würzen und ca. 30 Minuten köcheln lassen.

Von Christine Fischer,
Immenhofen

Filettopf

Zutaten:
Für 4 bis 6 Personen:
2 Schweinefilets,
1 geh. EL milder Senf,
1/2 Scheibe geräucherter Schinkenspeck,
1 Glas Champignons,
Salz,
gemahlener schwarzer Pfeffer,
je 1/2 TL Majoran, Dillspitzen und gehackte Petersilie,
1 Zwiebel gewürfelt

Für die Soße:
600 ml Sahne,
2 gestrichene EL Paprikapulver,
2 gestrichene TL Currypulver

Von Christa Hörburger, Sommersberg-Dietmannsried

Abgespültes Filet trockentupfen und in 6 Scheiben schneiden, so dass 12 Medaillons entstehen. Jedes Medaillon mit Senf bestreichen und mit je 1 Scheibe Schinkenspeck umwickeln. Die Fleischstücke nicht zu nah aneinander in eine große Auflaufform oder einen Bräter legen. Abgetropfte Champignons und Zwiebelwürfel in die Zwischenräume füllen und das Ganze mit Salz, Pfeffer, Majoran, Dillspitzen und Petersilie bestreuen. Für die Soße Sahne mit Paprika und Curry verrühren und auf die Medaillons gießen. Zugedeckt auf dem Rost im Backofen garen.
Ober- und Unterhitze: etwa 180 Grad
Heißluft: etwa 160 Grad
Garzeit: etwa 60 Minuten
Beilagen: Kroketten, Nudeln, Spätzle
Der Filettopf läßt sich für viele Gäste gut vorbereiten und die Zutatenliste kann beliebig erhöht werden.

Gemüseeintopf

Zutaten:
1 kg Kartoffeln,
500 g Karotten,
2 Paar Wienerle,
100 g durchwachs. Speck,
2 Fleischbrühwürfel
(für je 1/2 l Flüssigkeit),
1 EL Crème fraîche

Gemüse waschen und schälen. Karotten in kleine Würfel, Kartoffeln in etwas größere Würfel schneiden.
Das Gemüse zusammen mit ca. 1/2 l Wasser und 2 Fleischbrühwürfel in einen Topf geben und ca. 15 Minuten dämpfen lassen, bis es gar ist.
Die Wienerle in Scheiben schneiden und den Speck in Würfel schneiden und zugeben.
Je nach Geschmack mit etwas Mehl binden und eventuell mit Maggi abschmecken. Zum Schluss einen Eßlöffel Crème fraîche unterrühren.
Einfach und schnell, schmeckt auch Kindern.

Von Martina Engler,
Maierhöfen

Gyrossuppe

Zutaten:
1,5 kg Schweineschnitzel,
2 bis 3 Knoblauchzehen,
6 EL Speiseöl,
2 EL Gyros-Gewürzsalz,
600 ml Schlagsahne,
4 große Zwiebeln,
je 3 rote und grüne Paprikaschoten,
4 EL Olivenöl,
2 Beutel Zwiebelsuppenpulver,
1 l Wasser,
1 Glas Zigeuner- oder Chilisauce,
175 g Schmelzkäse,
Salz,
frisch gemahlener Pfeffer,
1 bis 2 TL Thymian

Das Fleisch in nicht allzu lange Streifen schneiden. Den durchgepressten Knoblauch mit Öl und Gyros-Gewürzsalz zum Fleisch geben, gut durchrühren und 2 bis 3 Stunden marinieren.
Fleisch portionsweise von allen Seiten anbraten und in eine große Form geben. Sahne über das Fleisch gießen und über Nacht marinieren.
Zwiebeln in Scheiben schneiden, Paprika in Streifen schneiden und beide Zutaten in Öl andünsten.
Das Zwiebelsuppenpulver und Wasser hinzufügen und etwa 10 Minuten kochen lassen.
Zigeunersauce, Schmelzkäse und das marinierte Fleisch in die Suppe geben und zum Kochen bringen, bis der Käse sich gelöst hat.
Mit Salz, Pfeffer und Thymian abschmecken.

Von Erika Grotz,
Pleß

Hackfleisch-Bohneneintopf

Zutaten:
etwas Fett,
1 Zwiebel,
300 g Hackfleisch gemischt
Salz,
Pfeffer,
Knoblauch,
2 bis 3 EL Tomatenmark,
1 Dose Bohnen

Fett heiß machen, Zwiebel klein schneiden und braun andünsten lassen. Hackfleisch anbraten, mit Wasser aufgießen, würzen, Tomatenmark hineintun. 10 Minuten vor dem Servieren die abgetropften Bohnen hineintun und kochen lassen. Abschmecken und servieren.
Dazu passen Röstkartoffeln oder Weißbrot.
Schnelles Essen! Und schmeckt gut!

Von Christine Schorer,
Görisried

Hackfleisch-Käse-Topf

Zutaten:
für ca. 12 bis 14 Personen:
1600 g gemischtes Hackfleisch,
3 bis 4 Zwiebeln,
2 Packungen passierte Tomaten,
2 Dosen Pilze,
2 Gläser Paprika,
1 Flasche Schaschliksoße,
1/2 Flasche Zigneunersoße,
500 g Schmelzkäse,
2 Becher saure Sahne,
mittelscharfer Senf,
Salz, Pfeffer, Paprika,
eventuell 3 gekochte Kartoffeln in Würfel geschnitten

Hackfleisch mit Zwiebeln anbraten und mit Wasser aufgießen, bis es eine Suppe ist. Bei niedriger Temperatur 30 Minuten weiterkochen lassen. Pilze und Paprika kleinschneiden und mit den passierten Tomaten, Zigeuner- und Schaschliksoße dazugeben. Danach den Schmelzkäse hineingeben und rühren, bis er aufgelöst ist. Mit den Gewürzen abschmecken und mit saurer Sahne verfeinern.
Der Hackfleischtopf kann gut vorbereitet werden, wenn viele Gäste kommen.

Von Renate Schindele,
Bidingen

Hähnchen-Reis-Pfanne

Salzwasser zum Kochen bringen und den Reis darin bißfest garen, in ein Sieb geben und gründlich abtropfen lassen. Die Zwiebeln fein würfeln, Paprika in Streifen schneiden, Tomate überbrühen, häuten, entkernen und würfeln. Brustfilets in grobe Stücke schneiden, den Knoblauch schälen.

Zutaten:
250 g Reis, Salz,
eine mittelgroße Zwiebel,
je 1 kleine rote, gelbe und grüne Paprikaschote,
1 Fleischtomate
4 Hühnerbrustfilets ca. 500 g,
1 Knoblauchzehe,
2 EL Öl,
Salz,
schwarzer Pfeffer,
1 TL Paprika,
2 EL Butter,
1 Bund Petersilie

Das Öl in einer großen Pfanne erhitzen, die Hähnchenbruststücke zugeben und 5 Minuten anbraten. Knoblauch dazupressen und die übrigen Gewürze dazugeben. Aus der Pfanne nehmen und warm stellen.

Die Butter in der Pfanne erhitzen, Zwiebel und Paprikastreifen zugeben und bei milder Hitze 5 Minuten anbraten, den Reis und die Tomatenwürfel zugeben und mit Salz und Paprikapulver (mittelscharf) abschmecken.

Die Brustfilets darauflegen. Deckel schließen und bei milder Hitze 10 Minuten garen. Die Petersilie waschen, abzupfen, fein hacken und vor dem Servieren über das Gericht streuen.

Statt Hühnerbrustfilets habe ich auch schon Pute genommen.

Von Siglinde Mayer,
Wildpoldsried
Bild: Sabine Buchmann

Herzhafter Pfundstopf

Zutaten
für 10 bis 15 Personen:
je 500 g Schweine-schnitzel,
Rindfleisch (z. B. Keule) und Kasseler (im Stück),
je 500 g Fleischwurst und gebrühte Bratwurst,
500 g Paprikaschoten (rote und grüne),
500 g Zwiebeln,
2 bis 3 Gläser (à 370 ml) oder DosenChampignons,
je 1 Flasche Zigeuner-, Hot-Chili- und Schaschlik-Soße (à 250 ml),
150 bis 200 g Schlag-sahne oder Crème fraîche

Schnitzel, Rindfleisch und Kasseler eventuell waschen, trockentupfen und in Würfel schneiden, Fleisch- und Bratwurst ebenfalls würfeln. Paprika putzen und waschen. Zwiebeln schälen. Beides ebenfalls in Würfel schneiden.
Pilze abtropfen lassen. Alle vorbereiteten Zutaten der Reihe nach (s.o.: Schnitzel, Rindfleisch, Kasseler, usw.) in den Topf oder in eine Auflaufform schichten. Ca. 1/4 l Wasser angießen. Zigeuner-, Hot-Chili- und Schaschlik-Soße darübergeben. Alles aufkochen. Zugedeckt bei 200 Grad ca. 1 1/2 Stunden im Backofen fertigschmoren.

Dazu schmeckt knuspriges Baguette, Reis oder Kartoffeln. Dieses Rezept kann man sehr gut vorbereiten und wenn die Gäste kommen, muß man nicht mehr lange in der Küche stehen.

Von Martina Rehklau,
Rummeltshausen

Indonesischer Fleischtopf

Zutaten:
4 Rinderrouladen,
2 rote Paprikaschoten,
2 grüne Paprikaschoten,
4 bis 5 Zwiebeln,
4 Tomaten,
3 EL Speiseöl,
4 EL Sojasauce,
250 ml Schlagsahne,
1 TL Currypulver,
Salz,
frisch gemahlener Pfeffer

Rouladen in Streifen schneiden. Paprikaschoten halbieren, entstielen, entkernen, die weißen Scheidewände entfernen. Schoten waschen und in Streifen schneiden. Zwiebeln abziehen, halbieren und in Streifen schneiden.
Tomaten kurze Zeit in kochendes Wasser legen (nicht kochen lassen), in kaltem Wasser abschrecken, enthäuten, Stängelansätze herausschneiden und Tomaten in Stücke schneiden.
Öl in einer Pfanne erhitzen und die Fleischstreifen portionsweise darin anbraten.
Die Fleischstreifen in einen Topf geben, Paprika, Zwiebeln, Tomaten, Sojasauce und steif geschlagene Sahne hinzufügen, mit Curry, Salz und Pfeffer würzen und bei schwacher Hitze etwa 20 Minuten schmoren lassen, dabei ab und zu umrühren. Dazu Reis und Salat servieren.

Von Maria Kuhn,
Unterhaslach-Ottobeuren

Jägertopf

Zutaten für 10 bis 12 Personen:
6 große Zwiebeln,
2 Streifen geräucherten Speck,
2 kg Schnitzelfleisch,
1 Packung Maggi Würzmischung Nr. 1,
2 Packungen Chester-Schmelzkäse,
3 Stangen Lauch,
4 Dosen Champignon,
4 Becher Sahne,
3 Packungen Jägersoße

Zwiebel und Speck würfeln, dünsten und erkalten lassen. Schnitzelfleisch klein schneiden, mit Würzmischung vermengen, in geölten Bräter geben. Den Chesterkäse darauf, Lauch in Ringen darüber geben. Champignons darauf verteilen (2 Gl. mit Flüssigkeit), nun die Zwiebel-Speck-Mischung obendrauf. Die Sahne mit Jägersoße verrühren, über Fleischtopf gießen, mit Deckel verschließen und 24 Stunden kalt stellen.
Bei 190 Grad 2 Stunden mit Deckel im Backofen garen.
Mit Bandnudeln ein herrliches Gästeessen.

Von Peppi Milz,
Unterminderdorf-Sulzberg
Bild: Andrea Wiedemann

Käse-Lauch-Suppentopf
für Gäste

Zutaten:
500 g Mett,
500 g Gehacktes,
200 g Sahne-schmelzkäse,
400 g Kräuter-schmelzkäse,
4 große Zwiebeln,
4 Stangen Lauch,
2 Gläser kleine Pilze,
4 l Brühe

Mett und Gehacktes in einem Topf anbraten und mit Salz und Pfeffer abschmecken. Lauch und Zwiebeln grob zerkleinern, dazugeben und das Ganze mit der Brühe aufgießen. 1 1/2 Stunden leicht kochen lassen.
Nun die Champignons dazugeben und die Suppe aufkochen. In die kochende Suppe und unter Rühren den Käse einrühren. Kochen lassen, bis der Käse geschmolzen und aufgelöst und die Suppe sämig ist.
Dazu passt Stangenweißbrot.
Die Suppe ist für 10 Personen gedacht und lässt sich sehr gut vorbereiten. In diesem Jahr servierte ich sie unseren Silveschtblosern!

Von Beatrix Schad,
Krummen-Kreuzthal

Kichererbsen-Eintopf

Zutaten:
250 g Rindfleisch,
2 Zwiebeln,
1 Knoblauchzehe,
20 g Fett,
1 l Wasser,
1 1/2 Würfel Fleischbrühe,
250 g Karotten,
500 g Chinakohl,
1 Dose Kichererbsen oder Kicherbohnen, oder zuvor gekochte Petersilie,
75 g Emmentaler

Fleisch in kleine Würfel schneiden, Zwiebel, Knoblauch und Fleischwürfel in heißem Fett anbraten, Wasser dazugießen und zum Kochen bringen. Brühe darin auflösen und bei niedriger Hitze eine Stunde kochen. Karotten, Chinakohl putzen, waschen und klein schneiden. Mit den Kichererbsen oder -bohnen zum Fleisch geben und 15 Minuten kochen. Petersilie waschen, fein hacken. Die Suppe in tiefe Teller verteilen, Käse darüber geben. Vor dem Servieren Petersilie darüber geben.
Schmeckt in der Winterzeit besonders gut!

Von Anni Geyer,
Mapprechts-Heimenkirch

Kräftige Gemüsesuppe

Zutaten:
3 bis 4 EL Öl,
6 mittelgr. Kartoffeln,
6 mittelgr. Karotten,
eventuell 1 Zwiebel,
2 mittlere Stangen Lauch,
3 Paar Wiener,
1 1/2 l Brühe,
Salz,
Schnittlauch

Gemüse waschen, Zwiebeln, Kartoffeln und Karotten in Würfel schneiden. Lauch in Ringe schneiden. Zwiebeln und Gemüse in Öl andünsten, mit Wasser aufgießen und gar kochen. Wienerle 1 bis 2 cm lang schneiden, zur Suppe geben, mit Salz und Brühe abschmecken und mit Schnittlauch anrichten.

Von Maria Seitz,
Westernach

Krautgulasch

Zutaten:
500 g gemischtes Gulasch,
1 kg Weißkohl,
1 Zwiebel,
1 rote Paprikaschote,
1 kg Kartoffeln,
Salz, Pfeffer, Paprika, Kümmel

Fleisch kräftig anbraten, mit etwas Brühe aufgießen und ca. 30 Minuten garen. Weißkohl fein schneiden und dazugeben, ebenso die Zwiebel. Kartoffeln würfeln, Paprika feinschneiden, alles zusammen bißfest garen, abschmecken.

Schwarzbrot und eventuell Salat dazureichen. Ist ein schnelles und einfaches Gericht.

Von Karin Rappolder,
Gebenhofen

Kurzgebratenes

Zutaten:
Hackfleischröllchen:
300 g Hackfleisch,
3 Eier,
gehackte Petersilie,
1/2 Zwiebel
und 3 Knoblauchzehen
hacken,
Salz,
Pfeffer,
Chilipulver,
Paprika.
2 Handvoll Semmelbrösel
Zigeunergrillsauce:
1 Zwiebel,
1 Paprika,
2 Tomaten,
1/2 Flasche Ketchup,
1/2 Pack passierte
Tomaten,
Gewürze,
Maggi
Knoblauchschmandsauce:
3 Knoblauchzehen,
1/2 Zwiebel,
Petersilie,
1 Becher Schmand,
1 Becher Sahne,
Gewürze

Von Margit Zeller,
Bolsterlang

1 Schweinefilet, 1/2 Rinderfilet und 1 Kalbsfilet in Scheiben schneiden, 4 Currywürste halbieren, bis zu 2/3 über Kreuz und einschneiden, in die Friteuse, ergibt Spinnen, Hackfleischröllchen Fleisch mit Grillgewürz würzen und kurz braten. Für die Hackfleischröllchen alle Zutaten vermischen, daraus ca. 6 cm lange und 2 cm dicke Rollen formen und braten.

Zigeunergrillsauce: Zwiebel, Paprika und 2 Tomaten hacken, Ketchup und passierte Tomaten dazu und mit Salz, Pfeffer, etwas Zucker, etwas Maggi und Chilipulver je nach Geschmack würzen und alles mischen.

Knoblauchschmandsauce: Knoblauchzehen, Zwiebel und Petersilie hacken. Schmand und Sahne dazu, mit Salz, Pfeffer und Kümmelpulver würzen, mit Schneebesen verrühren.

Zum Servieren Kräuterbutter, Pommes frites und verschiedene Salate oder einfach frische Semmel.

Lothringer Auflauf

Zutaten:
500 g gemischtes Hackfleisch,
500 g gedrehte Nudeln,
250 g Sahne,
150 g Tomatenmark,
1 Bund Petersilie,
5 EL Rotwein,
Salz,
Cayennepfeffer,
Öl,
4 bis 6 Scheiben junger Gouda

Nudeln in Salzwasser al dente kochen. Hackfleisch in einem Topf mit Öl anbraten. Mit dem Rotwein ablöschen und Tomatenmark zufügen. Sahne und feingehackte Petersilie unter das Hackfleisch mischen. Mit Salz und Cayennepfeffer abschmecken. Die Hackfleisch-Tomatenmasse unter die Nudeln heben und alles in eine Auflaufform geben. Mit Käse belegen und bei ca. 200 Grad im Backofen backen, bis der Käse geschmolzen ist.

Von Margret Huber,
Auers-Röthenbach

Mexikanische Gulaschsuppe

Zutaten:
500 g Schweinefleisch,
2 EL Schweineschmalz,
4 große Zwiebeln,
1/2 TL Pfeffer,
2 Knoblauchzehen,
400 g Kartoffel,
2 grüne Paprika,
2 kleine Dosen Tomatenmark,
1 Dose Maiskörner,
2 l Fleischbrühe,
1/4 TL Cayenne-Pfeffer,
1 gestrichener EL Paprika scharf

Schweinefleisch und Zwiebel scharf anbraten, mit Fleischbrühe aufgießen, Paprika und Kartoffeln klein schneiden. Alle Zutaten in die Suppe geben und 60 Minuten kochen lassen.

Von Hildegard Baisch,
Jedesheim
Bild: Manuela Immler

Ofensuppe

Zutaten:
1 kg Schweinegulasch,
500 g Zwiebeln,
1 kleine Dose Erbsen,
2 Scheiben Ananas, klein geschnitten,
1 Glas Tomatenpaprika,
250 g Curryketchup,
150 g Chillisauce,
1/2 l Sahne,
1 l Brühe

Fleisch in sehr kleine Stücke schneiden und mit Salz und Pfeffer würzen. Zwiebeln würfeln und hinzufügen. Die restlichen Zutaten der Reihe nach mit dem Saft schichtweise in den Topf geben. Von dem Ananassaft nur wenig dazugeben, da die Suppe schnell zu süß werden kann. Nicht umrühren!
Im Backofen bei 200 Grad 1 1/2 Stunden garen. Anschließend umrühren und eventuell noch nachwürzen.
Man kann noch mehr Brühe als angegeben zum Verdünnen hinzufügen.
Besonders gut schmeckt die Suppe, wenn sie über Nacht durchzieht.
Dazu gibt es verschiedene Kornsemmeln.
Ein ideales Gericht, wenn Gäste kommen.
Viel Spaß beim Kochen.

Von Hildegard Kolb,
Mopprechts-Heimenkirch

Papas Hackfleischpfanne

Zutaten:
500 g Hackfleisch,
500 g Eierspätzle,
1 Zwiebel,
Salz, Pfeffer,
Sojasauce,
1 Becher Schmand,
6 Scheiben Allgäuer Emmentaler oder Bergkäse,
Petersilie und Tomaten zum Garnieren

Die Zwiebel schälen und fein schneiden.
Die Eierspätzle nach Packungsvorschrift kochen (oder selbst machen), kalt abschrecken und im Sieb abtropfen lassen.
Das Hackfleisch in einer großen Pfanne kräftig anbraten, anschließend die Zwiebelwürfel dazugeben und goldgelb anbraten. Alles gut mit Salz, Pfeffer und etwa 2 EL Sojasauce würzen.
Den Schmand unterziehen und die Spätzle unterheben. Die Käsescheiben auflegen und ca. 5 bis 10 Minuten mit geschlossenem Deckel bei mittlerer Hitze auf dem Herd stehen lassen, bis der Käse geschmolzen ist. In der Zwischenzeit Petersilie waschen und hacken, sowie Tomaten waschen und in Achtel schneiden.
Vor dem Servieren mit Petersilie und Tomaten garnieren.
Dazu schmeckt grüner oder gemischter Salat.

Von Josephine Timm,
Hamburg

Partysuppe

Zutaten:
1,5 kg Gulasch (gemischt),
125 g Fett,
1 kg Zwiebeln,
3 Knoblauchzehen (!!),
150 g Tomatenmark,
3 EL Paprikapulver,
ca. 2 l Würfelbrühe,
4 große Kartoffeln,
1 Dose Tomaten,
1 Dose Champignons,
1 Dose Kidney-Bohnen,
1 Dose Mais,
1 Dose Erbsen,
Salz, Pfeffer, Thymian

Das in kleine Würfel geschnittene Fleisch in heißem Fett anbraten. Zwiebeln dazugeben und braten. Tomatenmark und Paprikapulver unterrühren, mit Brühe angießen und alles 1 1/2 Stunden leise kochen lassen. Nach 1 Stunde die geriebenen Kartoffeln und 10 Minuten vor Ende der Garzeit Tomaten, Pilze, Bohnen, Mais und Erbsen hinzufügen und die Suppe herzhaft abschmecken.
Dazu gibt es Semmel, Weißbrot oder Toast.
Die Suppe kann sehr gut vorbereitet werden.

Von Klara Berkmann,
Aach-Oberstaufen
Bild: Sylvia Weixler

Peperonata

Zutaten:
4 EL Olivenöl,
1 große Zwiebel in dünne Scheiben schneiden,
4 rote Paprika,
2 Knoblauchzehen mit Salz zerstoßen,
500 g reife Tomaten häuten und grob hacken,
1 EL Petersilie,
Salz und Pfeffer

1. Das Öl in einer Pfanne erhitzen, die Zwiebel hineingeben und auf niedriger Stufe 5 Minuten dünsten, bis sie glasig sind.
2. Die Paprika halbieren, die Kerne entfernen, das Fruchtfleisch in Streifen schneiden.
3. Die Paprika und den Knoblauch in die Zwiebelpfanne geben, 2 bis 3 Minuten leicht braten, dann die grob gehackten Tomaten und die Petersilie hinzufügen, anschließend mit Pfeffer und Salz nach Geschmack würzen.
4. Zugedeckt 30 Minuten auf kleine Stufe dünsten, bis die Flüssigkeit weitgehend eingekocht ist; falls notwendig, 10 Minuten vor Ende der Garzeit den Deckel entfernen und die Flüssigkeit verdunsten lassen. Abschmecken.

Von Renate Rädler,
Opfenbach

„Rattenschwänze“

Zutaten:
400 große in lange Streifen geschnittenes Schweinefilet,
1/4 l Bratensauce,
5 in Scheiben geschnittene, mit Paprika gefüllte, Oliven,
10 in Scheiben geschnittene Champignonköpfe,
4 in Scheiben geschnittene Maiskölbchen,
2 in Würfel geschnittene geschälte Tomaten,
1 in feine Würfel geschnittene große Zwiebel,
1 in feine Streifen geschnittene rote Tomatenpaprika,
50 ml Rheinwein,
50 ml Rotwein,
50 ml süße Sahne,
(besser ist es, wenn man von allen drei etwas mehr nimmt)

Schweinefiletstreifen in 50 g Butter braten und mit Calvados flambieren. In einer zweiten Pfanne 50 g Butter schmelzen und die Zwiebelwürfel darin glacieren, danach Rot- und Weißwein hinzugeben und einkochen lassen (bis etwa auf 1/3). Danach werden Oliven, Champignons, Maiskölbchen, Tomaten und Tomatenpaprikaschoten hinzugegeben und geschmort. Die Bratensauce einrühren und mit Senf, Tabasco, Worcestersauce, Ketchup, Salz und Pfeffer abschmecken. Mit Sahne und Portwein abrunden. Die gebratenen und flambierten Schweinefiletstreifen in die Soße geben und etwas durchziehen lassen und servieren.
Dazu gibt es körnigen Reis oder selbstgemachte Schupfnudeln.

Von Evi Fischer,
Aitrang

Reispfanne

Zutaten:
1 Tasse Lang-Kornreis,
Wurst- bzw. Fleischreste,
Gemüsereste (beispielsweise Paprika oder Karotten),
Salz, Pfeffer,
eventuell Käse

Reis in einer Gemüsebrühe und Salz ca. 20 Minuten kochen, bis Wasser verdampft ist. Rohes Gemüse würfeln und in einer Pfanne mit Fett oder Öl andünsten, Wurst und Fleischreste sowie den Reis dazugeben, mit Salz und Pfeffer würzen. Je nach Geschmack kann auch geriebener Käse darüber gestreut werden. Salat nach Belieben.
Diese Reispfanne ist ein schnelles Mittagessen, aber es kann statt dem frischen Gemüse auch gefrorenes verwendet werden, dann geht's noch schneller.

Von Rosmarie Jais,
Wildsteig
Bild: Gabi Striegl

Reissuppe mit Linsen

Zutaten:
50 g braune Linsen,
50 g durchw. Speck,
75 g Reis,
1 Bund Petersilie,
200 g geschälte Tomaten (aus der Dose oder frisch),
1 kleine Zwiebel,
1 Knoblauchzehe,
1 EL Olivenöl,
1/2 l kräftige Fleischbrühe,
Salz,
Pfeffer aus der Mühle

Linsen in einem Topf mit Wasser kochen. Speck in feine Würfel schneiden. Petersilie, Zwiebel, Knoblauchzehen fein hacken. Alles zusammen in einem Topf mit Olivenöl anbraten.
Tomaten abtropfen lassen, grob hacken und mit dem Tomatensud und der Fleischbrühe in den Topf geben. Aufkochen, Reis einstreuen und ausquellen lassen. Gegarte Linsen mitsamt dem Kochwasser in die Reissuppe rühren. Weitere 2 Minuten köcheln, mit Salz und Pfeffer abschmecken.

Von Ingeborg Pracht,
Bidingen

Russischer Hackfleischtopf

Zutaten:
1 kg Rinderhackfleisch,
4 große Zwiebeln,
gehackt,
2 EL Öl und Butter,
2 Stangen Lauch
in Scheiben,
500 g Weißkohl
in Streifen,
3 Dosen Tomatenmark,
2 EL Senf,
1/2 bis 3/4 l Fleischbrühe,
2 TL süßer Paprika,
Salz,
Pfeffer,
1/2 l saure Sahne

Zwiebeln im Fett andünsten, Hackfleisch zugeben und anrösten. Alle anderen Zutaten dazugeben und 30 Minuten bei schwacher Hitze köcheln lassen. Häufig umrühren, vor dem Servieren abschmecken und saure Sahne darübergießen und unterrühren.

Dieses Rezept ist ausreichend für 8 Personen, gut für Feste am Vortag zuzubereiten. Sahne erst kurz vor dem Servieren dazu.

Von Hilde Eckel,
Christertshofen
Bild: Sylvia Weixler

Schaschliktopf

Zutaten:
600 g Schweinegulasch,
3 Paprikaschoten (rot, gelb, grün),
3 Essiggurken,
5 Wienerle,
1 Packung durchwachsene Speckwürfel,
2 Zwiebeln,
3 Flasche Schaschliksoße

Alle Zutaten würfeln (mundgerecht), in eine große Auflaufform füllen, Schaschliksoße darüber geben, alles mischen und bei 175 Grad ca. 60 bis 70 Minuten im Backofen garen.
Paßt gut dazu: Reis und Pommes frites, Salat.

Kann man gut vorbereiten und ist weniger zeitaufwendig als Schaschlikspieße.

Von Susanne Martin,
Tiefenbach-Sonthofen

Schichtgulasch

Zutaten
für 6 bis 8 Personen:
500 g Schweinefleisch,
500 g Rindfleisch,
500 g gerauchter Bauch,
500 g Kassler,
500 g Hackfleisch – alles in Würfel schneiden,
ca. 3 Paprika gemischt,
5 Zwiebeln,
1 große Dose Schältomaten,
1 Flasche Schaschliksoße,
1 Becher Sahne

Hackfleisch würzen und Kugeln formen, als letztes obenauf geben. Alles in eine Form schichten, bei 200 Grad ca. 2 bis 2 1/2 Stunden garen. 30 Minuten vor Ende 1 Becher Sahne darübergießen, wenn's fertig ist, durchrühren und mit Baguette oder Reis servieren.

Von Brigitte Hilgarth,
Vöhringen

Schlemmertopf

Zutaten:
1 Schweinefilet oder Putenschnitzel,
100 g Butter,
200 g Champignons,
1 Zwiebel,
1 Bund Petersilie,
1/4 l Sahne,
200 g ger. Emmentaler,
Salz,
Pfeffer,
200 g Mehl,
2 bis 3 Eier

Filet in Scheiben schneiden, in Butter kurz anbraten, beiseite stellen und würzen. Zwiebel mit Petersilie und den Pilzen 5 Minuten dünsten, danach würzen und die Sahne unterrühren. Spätzle zubereiten. Eine feuerfeste Form mit Butter ausstreichen. Jeweils eine Lage Spätzle und Käse einschichten. Fleisch auf die Spätzle geben, mit der Sahnesoße übergießen und dem restlichen Käse überstreuen.
Backzeit ca. 15 bis 20 Minuten bei 200 Grad

Von Leni Fimpel,
Riedlings-Leutkirch

Schnitzeltopf à la Gertraud

Zutaten:
pro Person: 1 Schnitzel,
1 kleine Dose Spargel,
1 große Dose Erbsen und Karotten,
250 g frische oder Tiefkühl-Pilze,,
2 Zwiebeln,
1 süße Sahne,
1 saure Sahne,
Salz,
Pfeffer,
Paprika,
etwas Chinagewürz,
Fondor,
200 bis 300 g ger. Gouda oder Emmentaler,
Butter,
etwas Mehl

Die Schnitzel in 4 bis 5 Stücke schneiden, mit Pfeffer, Salz und Chinagewürz würzen und in Mehl wenden. In der Pfanne in heißer Butter kurz anbraten, herausnehmen und in den gebutterten Schmortopf legen. In dem restlichen Fett in der Pfanne die geschnittenen Zwiebeln und die Pilze anbraten, mit der süßen und der sauren Sahne ablöschen, mit Paprika und Fondor würzen und über die Schnitzel gießen. Das Gemüse abgießen und darüber geben. 200 bis 300 g Käse reiben und auf dem Gericht verteilen. Den Schmortopf mit geschlossenem Deckel in den Ofen schieben (225 Grad) und bei anfangs kaltem Ofen 45 Minuten und bei erhitzter Röhre 30 Minuten darin belassen. Dann den Deckel öffnen und nochmals 25 Minuten garen lassen, damit der Käse eine Kruste bekommt. Schmortopfgerichte kommen bei unseren Gästen immer an. Als Beilage passt Baguette und als Getränk ein trockener Weißwein.

Von S. Heumos,
Kißlegg

Serbisches Reisfleisch

Zutaten:
3 EL Öl,
250 g Schweinefleisch,
100 g Speck,
1 große Zwiebel,
1 Zehe Knoblauch,
1 bis 2 Paprika,
1 bis 2 Tomaten,
1 bis 2 Kartoffeln,
150 g Reis,
3/4 l heiße Brühe,
2 EL Tomatenmark,
Pfeffer,
Salz,
Paprika,
1 EL Petersilie

Fleisch, Speck, Zwiebel und Gemüse in Würfel schneiden. Öl in einer großen Pfanne oder Topf erhitzen. Fleisch mit Pfeffer, Salz und Paprika würzen und dann gut anbraten. Speck dazugeben, Zwiebeln und Knoblauch mitdünsten, dann das Gemüse mitdünsten und zum Schluss Reis einstreuen und auch dünsten. Mit der Brühe aufgießen und den Bratensatz loskochen. Tomatenmark dazugeben und ca. 35 Minuten kochen lassen.
Kann z. B. Hartwurst, Hackfleisch, andere Gemüsesorten wie Blumenkohl, Mais, Erbsen, Karotten usw. verwendet werden.
Beilagen-Tipp: Frische Semmel
Gelingt leicht und geht schnell!

Von Sybille Leute,
Hagers-Hergensweiler
Bild: Gabi Striegl

Spätzle-Pilzpfanne

Zutaten:
2 EL Öl,
1 Zwiebel,
200 g Räucherspeck,
2 Tomaten,
200 g Romadur,
600 g Spätzle, Kartoffelnudeln,
400 g Sahne,
400 g gemischte Pilze,
Salz,
Pfeffer,
Schnittlauch

Zwiebel und Speck fein schneiden und in Öl anbraten. Tomaten und Romadur würfeln und mit den Pilzen zugeben. Mit der Sahne aufgießen. Wenn der Käse geschmolzen ist, die Spätzle zugeben und erwärmen. Mit etwas Salz und Pfeffer würzen. Schnittlauch darüberstreuen und servieren.

Von Hannelore Jörg,
Staudach-Wiggensbach

Spezial-Gulaschsuppe

Zutaten:
150 g Kaiserfleisch oder Wammerl,
300 g mageres Rindfleisch, (möglichst Wadschinken),
1 Paar Debreziner,
200 g Zwiebeln,
1 grüne Paprika,
1 Knoblauchzehe,
20 g edelsüßer Rosenpaprika,
1 EL Tomatenmark,
Majoran,
Kümmel, Salz, Wasser oder Suppe,
300 g Kartoffeln

Kaiserfleisch kleinwürflig schneiden, bei starker Hitze glasig schwitzen, 200 g Zwiebeln fein hacken, zugeben, lichtbraun rösten, dann Paprika kurz unterrühren, Tomatenmark, Rindfleisch in kleinen Würfeln, dünne Scheiben von den Debrezinern, Paprika in Streifen, Knoblauch, Majoran, Kümmel (fein gehackt) mit Salz dazugeben, das Ganze langsam dreiviertel gar dünsten, ca. 3/4 L klare Suppe (oder Wasser) zugießen. Rohe Kartoffeln schälen, kleinwürflig schneiden, beigeben, mit allem weich kochen. Vor dem Servieren nochmals würzig abschmecken. Gutes Gelingen!

Von Silke Guggemos,
Wald-Wetzlers

Würzige Bohnenpfanne

Zutaten:
500 g Geschnetzeltes,
1/4 l Fleischbrühe,
Salz, Pfeffer, Bohnenkraut,
200 g Sahne,
500 g gekochte Bohnen (ca. 2 bis 3 cm lang),
150 g gekochter Schinken (in Würfel geschnitten)

Geschnetzeltes anbraten, mit Salz und Pfeffer würzen, mit Brühe aufgießen. Sahne darübergeben und aufkochen lassen und ca. 15 bis 20 Minuten garen. Gekochte Bohnen dazugeben. Mit Salz, Pfeffer, Bohnenkraut (eventuell mit Zitronensaft abschmecken).
Den gekochten Schinken kurz vor Ende der Garzeit dazugeben, durchrühren und zum Schluß Soße etwas binden.
Dazu kann man Reis, Spätzle und grünen Salat reichen.
Guten Appetit!

Von Roswitha Mühlbauer,
Günzach

Wurstgulasch

Zutaten:
250 g Göttinger oder Fleischwurst oder Wurstreste,
3 Zwiebeln,
100 g Paprika,
2 EL Tomatenmark,
Salz,
Pfeffer,
Paprika,
eventuell 1 EL Mehl,
1/2 l Brühe,
2 EL Sahne

Wurst in Streifen schneiden, anbraten (je nach Wurstart mit oder ohne Fett). Zwiebeln in Würfel schneiden, anbraten, Tomatenmark und Gewürze zugeben, aufgießen, ca. 10 Minuten kochen lassen, abschmecken, mit Sahne verfeinern.

Ist schnell zubereitet.

Von Irmgard Zwerg,
Vorderburg-Acker/
Rettenberg

Nachtisch

Kinderbowle

Zutaten:
1 l Früchtetee,
250 g Erdbeeren,
1 Birne,
1 Apfel,
1 Ananasring (Dose),
3 EL Zucker,
1 Zitrone,
1/4 l Maracujasaft,
1 l Mineralwasser

Früchtetee nach Anweisung kochen, kalt stellen.

Die Früchte vorbereiten: Erdbeeren vierteln, die übrigen Früchte in Stückchen schneiden. Mit Zucker und Zitronensaft durchziehen lassen. Mit kaltem Früchtetee und Maracujasaft mischen. Vor dem Servieren mit gekühltem Mineralwasser auffüllen.

Von Anni Demmeler,
Reichau-Boos
Bild: Gabi Striegl

Kinderpunsch

Zutaten:
1 l Traubensaft,
1 l Apfelsaft,
1/4 bis 1/2 l Wasser,
6 Früchtetee (Südsee-zauber oder ähnliche),
2 Stangen Zimt,
etwas Nelken

Den Früchtetee ziehen lassen, dann Traubensaft, Apfelsaft, Wasser, Zimt und Nelken zugeben, erhitzen, aber nicht kochen.
Gutes Gelingen!

Von Inge Wiesner,
Lauben
Bild: Brigitte Wiedemann

Rosa Apfelbowle

Zutaten:
2 l Apfelsaft,
2 Nelken,
2 Zimtstangen
(à 3 cm lang),
2 Äpfel,
1 Weinglas Weinbrand,
1 EL heller Blütenhonig,
1 Flasche roter Sekt,
1 Tiefkühl-Packung ungezuckerte Erdbeeren oder Himbeeren (300 g)

Wenn erhältlich, entweder Minze, Melisse-, Apfelblätter oder Mini-Apfelzweige mit Blüten. In die Apfelsaftflaschen die Zimtstangen und die Nelken verteilen, Flaschen schließen und kalt stellen. Äpfel waschen, abreiben, vierteln, entkernen und in dünne Scheiben schneiden. Äpfel in Bowlengefäße geben, mit Weinbrand und Honig mischen und eine Stunde ziehen lassen. Dann den Apfelsaft in die Bowle seihen (damit Gewürze zurückbleiben) und die gefrorenen Beeren zugeben. Die Bowle auf einem mit Blättern verzierten Tablett eisgekühlt servieren.
Für 15 bis 20 Personen

Von Anni Demmeler,
Reichau
Bilder: Sonja Buchmann

Teepunsch

Zutaten:
1,5 l Schwarztee,
500 g Zucker,
1/4 l Wasser,
1 l Rotwein,
1 l Weißwein,
Saft 1 Orange,
Saft 1 Zitrone

Schwarztee überbrühen. Zucker mit Wasser aufkochen und den abgeseihten Tee zugeben, dann den Rotwein und den Weißwein, den Saft von Orange und Zitrone zugeben. Nochmal alles erwärmen, nicht kochen!

Von Barbara Diebolder,
Lachen
Bild: Ulrike Finkenzeller

Traumbowle

Zutaten:
1 l Vanilleeis,
1 l Maracuja-Saft,
1 Flasche Weißwein,
1 Flasche Sekt,
1 Dose Ananas
mit Stücken und Saft

Vanilleeis mit Maracuja-Saft mixen, Weißwein und Sekt dazugießen. Zum Schluss die Früchte mit dem Saft gut durchrühren. Fertig!! Eine wunderbare süffige Bowle.

Von Irmgard Bertl,
Schönberg
Bilder: Brigitte Wiedemann

Apfelauflauf

Zutaten:
8 kleine Äpfel,
0,25 l Weißwein,
80 g Zucker,
8 TL Aprikosen-marmelade,
4 Eier,
1 Zitrone,
60 g Zucker,
60 g Semmelbrösel

Äpfel schälen, das Kerngehäuse herausstechen, in den kochenden, mit Zucker gewürzten Wein geben und bei geschlossenem Topf weichdünsten (ca. 8 bis 10 Minuten). Dann nebeneinander in eine gebutterte, mit Semmelbrösel ausgestreute Auflaufform stellen und mit der Aprikosenmarmelade füllen. Eigelbe mit 2/3 des Zuckers, dem Zitronensaft und der abgeriebenen Zitronenschale schaumig rühren. Semmelbrösel daruntermischen und zuletzt mit dem restlichen Zucker steif geschlagenen Eischnee einziehen. Die Masse über die Äpfel geben und alles bei 180 Grad 10 bis 20 Minuten backen.
Dazu passt am besten Vanillesoße.
Bei milder Apfelsorte etwas weniger Zucker verwenden!

Von Sofie Weixler,
Leiterberg/Betzigau
Bild: Gabi Striegl

Apfel-Rahmstrudel

Zutaten:
Teig: 150 g Mehl,
1 Prise Salz,
3 EL Öl,
5 EL lauwarmes Wasser,
1/2 EL Essig
Füllung:
1 kg Äpfel,
150 g Zucker,
1 Päckchen. Vanillezucker,
1 Prise Zimt,
150 g Rosinen,
1 Becher Saure Sahne,
100 g Butter

Von Sabine Feierle,
Liebenried-Kißlegg
Bild: Rosi Müller

Teigzutaten verkneten und kräftig durchwalken, bis er glatt und glänzend ist. Zu einer Kugel formen, mit Öl bestreichen, mit vorgewärmter Schüssel zudecken und 20 Minuten ruhen lassen. Äpfel mit Schale grob raspeln und mit den anderen Zutaten mischen.
Teig auf bemehltem Tuch hauchdünn ausrollen und ausziehen. Butterflöckchen und Saure Sahne auf dem Teig verteilen. Apfelmasse darübergeben und zusammenrollen. Rolle mit Hilfe des Tuches in eine mit Butter bestrichene Auflaufform geben und 60 Minuten bei 200 bis 220 Grad backen. Zwischendurch immer wieder löffelweise mit Milch oder Sahne bestreichen.
Mit Puderzucker bestreut, mit Vanillesoße oder Vanilleeis und Sahne kalt oder heiß servieren.

Aprikosen-Creme

Zutaten:
1 große Dose Aprikosen,
1 Päckch. Vanille-Pudding,
1/2 l Mich,
2 EL Zucker,
1/4 l süße Sahne geschlagen,
3 Gläschen Eierlikör (wenn Kinder mitessen, ohne Likör)

Die Aprikosen abtropfen lassen und pürieren. (Pürierstab oder Mixer). Aus der Milch, dem Zucker und dem Puddingpulver einen Vanillepudding kochen. Das Aprikosenpüree in den noch heißen Pudding rühren. Eierlikör dazugeben und schließlich die geschlagene Sahne in den etwas abgekühlten Pudding unterziehen und in kleine Glasschüsselchen geben und noch mit etwas zurückbehaltener Sahne verzieren.

Von Rosmarie Brandmeier, Hörmatzen-Seeg

Bananen-Creme

Zutaten:
6 große reife Bananen,
100 g Zucker,
Saft von 2 Zitronen,
2 EL Cognac,
4 Blatt Gelatine,
2 EL heißes Wasser zum Lösen,
250 g Sahne

Bananen schälen, mit dem Mixer pürieren, mit Zucker und Zitronensaft schaumig rühren. Gelatine kalt einweichen, in Wasser lösen und lauwarm unter die Fruchtmasse rühren. Eventuell Cognac unterrühren, kalt stellen. Sobald die Masse zu steifen beginnt, die geschlagene Sahne unterziehen. Kalt stellen. Creme mit in Zitronensaft getauchten Bananenscheiben und Schokostreuseln garnieren.
Falls Kinder mitessen, auf Cognac verzichten.

Von Anita Jäckle,
Wangen

Beerencocktail mit Vanilleeis

Zutaten:
250 g gemischte Beeren,
100 ml Johannisbeerlikör,
1/2 l Traubensaft (rot),
1/2 l Sekt,
Vanilleeis

Die Beeren werden mit dem Johannisbeerlikör und dem Traubensaft übergossen und über Nacht stehengelassen. Am nächsten Tag pürieren und eventuell mit etwas Zucker süßen. Mit dem Sekt auffüllen und in Dessertschalen oder Tellern mit dem Vanilleeis anrichten.

Von Josefine Rösch,
Köngetried

Birnensalat mit Joghurt

Zutaten:
500 g Birnen,
Zironensaft,
250 g Trauben,
75 g Sultaninen,
1 Becher Joghurt,
Zucker,
Birnenlikör,
Sahne,
Schokoraspel

Birnen waschen, vierteln und in sehr feine Streifen schneiden und mit Zitronensaft beträufeln. Trauben waschen, teilen, Kerne entfernen und mit Sultaninen, Joghurt und Zucker nach Geschmack zu den Birnen geben, mit Zitronensaft und einem Schuß Birnenlikör abschmecken. Mit Sahne und Schokoraspel verzieren.

Von Paula Dorn, Legau
Bild: Gabi Striegl

Dreierlei Cremespeise

Zutaten:
3 Blatt Gelatine,
1/2 Vanilleschote,
1/4 l Milch,
1 Ei,
3 Eigelb,
50 g Zucker,
1 bis 2 EL Cappuccinopulver (Instant),
1 bis 2 EL Espressopulver (Instant),
250 g Schlagsahne,
12 Amaretti (italienisches Mandelgebäck)

Gelatine einweichen, Vanilleschote aufschneiden und das Mark herausschaben. Vanilleschote und Mark in die Milch geben und unter Rühren aufkochen lassen. Ei, Eigelb und Zucker in einer Edelstahlschüssel glatt rühren und über einem heißen Wasserbad dickschaumig aufschlagen. Vanilleschote aus der Milch nehmen. Vanillemilch unter Rühren zur Ei-Zucker-Mischung geben. Gelatine ausdrücken und in der Vanillecreme auflösen. 1/3 der Creme mit Cappuccinopulver und ein weiteres Drittel mit Espressopulver verrühren. Die drei Cremes kalt stellen. Sahne steif schlagen. Etwas zum Verzieren in einen Spritzbeutel füllen, kalt stellen. Sobald die drei Cremes zu gelieren beginnen, jeweils ein Drittel der Sahne unterziehen. Vanille-, Cappuccino-, Espressocreme in Gläser einschichten. Etwa eine Stunde kalt stellen. Mit Sahne und zerbröckeltem Amaretti verzieren.
Feine Creme mit Kaffeearoma.

Von Maria Pfefferle,
Marktoberdorf

Eiszwerge

Zutaten:
Erdbeer-, Vanille- oder Schokoeis,
3 Spritzring-Kekse,
bunte Leckereien wie Gummibärchen, Smarties, Bonbons, Waffelröllchen etc.

Große Eiskugeln auf Spritzringe setzen, mit den bunten Leckereien zu Eiszwergen verzieren.
Gutes Gelingen!

Von Inge Wiesner,
Lauben

Erdbeersahnequark

Zutaten:
500 g Magerquark,
6 EL Zucker,
500 g Erdbeeren,
0,2 l Sahne,
1 Päckchen Vanillezucker

Den Quark und den Zucker in eine Schüssel geben und vermischen. Die Erdbeeren mit dem Schnellmixstab pürieren und dazugeben. Alles gut durchmischen (Schnellmixstab). Die gekühlte Sahne steif schlagen und den Vanillezucker dazugeben. Die Sahne unter die Erdbeerquarkmasse heben.
Tip: Erdbeeren eingefrieren, so hat man das ganze Jahr über einen fruchtig frischen Nachtisch!
Der beliebteste Nachtisch der ganzen Familie!

Von Karin Rehklau,
Steinheim/Memmingen

Fruchtige Lasagne

Zutaten:
1 Birne,
1 großer Apfel,
75 g getrocknete Aprikosen,
2 Bananen,
Saft und abgeriebene Schale 1 unbehandelten Orange,
Saft einer halben Zitrone,
2 Päckchen Vanillesaucen-Pulver,
700 ml Milch,
75 g Lasagneplatte,
75 g gehobelte Mandeln

Apfel und Birne schälen und in Stücke schneiden, Aprikosen grob hacken, Bananen in Scheiben schneiden. Das Obst in einer Schüssel mit Zitronensaft mischen. Aus dem Vanillesaucenpulver und der Milch eine dicke Soße rühren, mit dem Orangensaft und der Orangenschale würzen, 3/4 der Menge unter das Obst mischen.
In eine rechteckige feuerfeste Form abwechselnd eine Schicht Obst und Lasagneplatten geben. Das restliche Viertel Vanillesauce über den Auflauf geben, dabei sollte die gesamte Fläche bedeckt sein. Etwa 35 Minuten bei 190 Grad backen. Die Mandeln auf der Lasagne verteilen und weitere 10 Minuten backen, bis die Oberfläche leicht braun wird.

Von Ingeborg Pracht,
Bidingen

Grießschnitten

Zutaten:
1 l Milch,
Salz,
etwas geriebene Zitronenschale,
20 bis 40 g Butter,
200 g grober Grieß,
1 Päckchen Vanillzucker,
zum Bestreuen:
Zimtzucker und Puderzucker

Aus Milch, Salz, Butter, Grieß, Zitronenschale und Vanillezucker einen steifen Grießbrei kochen, den heißen Brei in eine kalt ausgespülte Kastenform geben, glatt streichen und erkalten lassen.
Schnitten schneiden, ca. 1 cm dick.
Die Schnitten mit Semmelbrösel paniert in der Pfanne langsam und goldgelb ausbacken. Zum Servieren mit Puderzucker bestäuben. Mit Zimt und Zucker extra servieren.
Dazu paßt sehr gut Apfelmus.

Von Maria Diebolder,
Lachen

Herrencreme

Zutaten:
1 Vanillepudding von 1/2 l Milch,
2 EL Schokostreusel,
3 EL geriebene Mandeln oder Nüsse,
2 EL Rum,
1 Becher Schlagrahm

Unter den fertigen warmen Pudding Schokostreusel und Mandeln bzw. Nüsse mischen, mit Rum abschmecken. Wenn die Masse fast erkaltet ist, hebt man die geschlagene Sahne darunter. Danach die Creme in Dessertschalen verteilen und mit Schokostreuseln verzieren. Kalt stellen.
Diese Creme schmeckt nicht nur den Herren.

Von Marlene Köpf,
Biessenhofen
Bild: Anke Wirth

Joghurt-Mousse
auf Fruchtspiegel

Gelatineblätter in kaltes Wasser legen und etwa 10 Minuten quellen lassen. Währenddessen Joghurt, den Puderzucker und den Zitronensaft verquirlen. Die Vanillestange der Länge nach halbieren, das Mark herauskratzen und mit der Joghurtcreme gut vermischen.

Gelatineblätter nach Packungsanleitung auflösen und in die Joghurtmasse einrühren. Alles für etwa 10 bis 20 Minuten in den Kühlschrank stellen. Sahne steif schlagen. Wenn die Creme anfängt fest zu werden, die geschlagene Sahne unterheben. Wiederum alles gut durchkühlen lassen.

Die Soßen auf Tellern verteilen. Einen Eßlöffel kurz in heißes Wasser tauchen. Joghurt-Mousse damit abstechen, auf dem Fruchtmark anrichten.

Ergibt 6 bis 8 Portionen

Für die Himbeersoße:

Himbeeren und Puderzucker pürieren.

Für die Orangensoße:

Orangen schälen, in Spalten teilen und mit etwas Puderzucker pürieren.

Zutaten:

Für die Mousse:
500 g Joghurt,
250 g Sahne,
5 Blatt weiße Gelatine,
2 EL Zitronensaft,
50 g Puderzucker,
1/2 Vanillestange

Für die Himbeersoße:
250 g Himbeeren,
25 g Puderzucker

Für die Orangensoße:
4 Orangen,
Puderzucker

Von Andrea Brey,
Pfaffenwinkel, Memmingen

Karamelcreme

Zutaten:
80 g Zucker,
knapp 1/8 l Wasser,
1/4 Vanillestange,
400 ml Milch,
2 Eigelb,
50 g Zucker,
30 g Stärkemehl,
2 Eischnee,
1 Becher Sahne

Zucker im Topf trocken erhitzen, bis er goldbraune Farbe hat und zu schäumen beginnt, sofort mit Wasser ablöschen, leise kochen lassen bis Karamel gelöst ist. Milch dazugeben, zum Kochen bringen. Eigelb, Zucker und Stärkemehl mit etwas zurückbehaltener kalter Flüssigkeit zu glattem Teiglein rühren, unter Schlagen mit Schneebesen in kochende Milch einrühren, unter Schlagen Masse einmal aufpuffern lassen. Eischnee unter die noch heiße Masse schlagen. Unter die kalte Creme Schlagsahne ziehen.

Von Ulrike Reich,
Zwerenberg-Grünenbach
Bild: Gabi Striegl

Marmorierte Mousse au chocolat

Zutaten:
Dunkle Mousse:
1 1/2 Tafeln Schokolade Zartbitter,
6 EL Kaffee,
3 Eier (frisch),
1 EL Zucker,
1 Päckchen Vanillezucker,
1/8 l Sahne

Weiße Mousse:
1 Tafel weiße Schokolade,
3 Blatt weiße Gelatine,
1 EL Rum,
3 Eier (frisch),
1 Päckchen Vanillezucker,
Schokolade zum Verzieren

Gelatine ins kalte Wasser legen und quellen lassen. Die 6 frischen Eier trennen und das Eigelb mit 2 Päckchen Vanillinzucker schaumig schlagen und kalt stellen.
Nun die Zartbitter-Schokolade zerbröckeln und im heißen Wasserbad schmelzen, das gleiche auch mit der weißen Schokolade. Die 6 Eiweiß und die 1/4 l Sahne getrennt steif schlagen. Die flüssige Zartbitter-Schokolade mit dem Kaffee, Zucker und der Hälfte der schaumig geschlagenen Eigelbmasse verrühren. Nun die halbe Masse des Eischnees und der Sahne unterziehen (kühl stellen). Danach die weiße flüssige Schokolade mit der abgetropften Gelatine und 1 EL Rum verrühren. Nun wie bei der dunklen Creme die restliche Eigelbmasse einrühren, Eischnee und Sahne unterheben.
Danach die Creme, abwechselnd die weiße und die dunkle Mousse, in Glasschalen einfüllen, dann vorsichtig mit einer Gabel durchziehen. Die Creme 2 Stunden im Kühlschrank fest werden lassen. Vor dem Servieren mit Sahne und Schokolade verzieren.

Von Sonja Natterer, Buxheim

Mousse au chocolat

Zutaten:
2 Eigelb,
2 EL Zucker,
200 g Zartbitterschokolade,
250 ml Süße Sahne,
3 EL Cognac,
2 Eiweiß

Eigelb und Zucker sehr schaumig schlagen. Schokolade im Wasserbad auflösen. Die aufgelöste Schokolade und den Cognac unter die Eigelbmasse ziehen. Steif geschlagene Sahne unterziehen. Zum Schluß das steif geschlagene Eiweiß unterheben und gut mischen. Die Masse in Dessertgläser füllen und über Nacht im Kühlschrank ruhen lassen. Vor dem Verzehr mit Sahnetupfen und Schokoladenraspeln verzieren.

Von Claudia Bartenschlager,
Sontheim
Bild: Sabine Buchmann

Obstsalat

Zutaten:
500 g Obst,
Zitronensaft,
50 g Nüsse,
50 g Sultaninen,
Apfel- oder Orangensaft,
etwas Zucker

Obst nach Jahreszeit (Birnen, Äpfel, Bananen, Zwetschgen, Trauben, Kiwi, Orangen), kleinschneiden und mit Zitronensaft mischen. Nüsse (grob gemahlen) und Sultaninen zugeben, mit etwas Apfelsaft oder Orangensaft und Zucker nach Geschmack vorsichtig mischen und ca. 30 Minuten ziehen lassen. In Portionsschälchen füllen und eventuell mit Sahne und Schokoraspeln verzieren.

Von Paula Dorn,
Legau

Orangencreme

Zutaten:
1/4 l Orangensaft,
3 Eigelb
80 g Zucker,
6 Blatt Gelatine,
3 Eiklar,
1/4 l Schlagsahne,
Obststückchen

Orangensaft, Eigelb und Zucker schaumig rühren.
Gelatine 10 Minuten in kaltem Wasser einweichen, ausdrücken, auflösen. In die Schaummasse Gelatine unterrühren. Die Masse zum Ansteifen kühl stellen. Aus dem Eiklar einen Eischnee herstellen und unter die angesteifte Masse heben.
Die Hälfte der Sahne schlagen und auch unterheben. Die Creme in Schälchen füllen und mit Sahne und Obststückchen verzieren.

Von Susanne Eggel,
Vorderreute-Wertach
Bild: Sabine Bitter

Pfannkuchen mit Äpfeln

Zutaten:
Teig:
375 g Mehl,
3 Eier,
3/4 l Milch,
etwas Salz
Füllung:
4 bis 5 Äpfel,
50 bis 100 g Zucker und Zimt,
2 EL Rosinen,
3 EL Aprikosen- oder Mirabellenmarmelade
2 Päckchen Vanillesoße,
1/2 l Milch

Für den Pfannkuchenteig alles verrühren, dünne Pfannkuchen in der Pfanne ausbacken und warm halten.
Äpfel schälen und entkernen, achteln und in dünne Scheiben schneiden. Diese in einen Topf mit etwas heißem Öl geben. Zucker mit Zimt vermischt und Rosinen dazu und 5 Minuten dünsten (eventuell etwas Wasser zugeben). Pfannkuchen mit 1 bis 2 EL Apfelfüllung zusammenrollen. Warme Vanillesoße herstellen und über die Pfannkuchen geben.

Von Emilie Koch,
Diepolz-Altusried

Quarkspeise

Zutaten:
1 Ei,
60 g Zucker,
eventuell 1 Päckchen Vanillinzucker,
15 g Stärkemehl,
1/4 l Milch,
250 g Quark,
50 g Zucker,
1/8 l steife Sahne,
Kirschen

Ei, Zucker und Vanillinzucker schaumig schlagen. Stärke zugeben, aufgießen unter Rühren (wichtig!). Einmal aufkochen lassen, kalt stellen! Quark und Zucker mischen, mit steifer Sahne unter die Masse rühren, mischen, mit Kirschen und Schokostreuseln garnieren,

Von Centa Schmück,
Weinharz-Buchenberg
Bild: Sylvia Weixler

Schokokuss-Creme mit Erdbeeren

Zutaten:
300 g Erdbeeren,
4 große Schokoküsse,
1 bis 2 TL Zitronensaft,
250 g Magerquark,
1 TL Honig

Die Erdbeeren waschen, putzen und trockentupfen. 4 Stück halbieren und beiseite legen, die restlichen Erdbeeren vierteln. Von den 4 Schokoküssen die Waffelböden abnehmen. Schoko-Schaum Masse mit 1 bis 2 TL Zitronensaft und dem Magerquark verrühren. Eventuell mit 1 TL Honig abschmecken. Die geviertelten Erdbeeren unter die Creme heben. Die Quarkcreme in Schälchen geben und mit Waffelböden und Erdbeerhälften dekorieren.

Von Christine Lederle,
Unterthingau
Bild: Sabine Buchmann

Süße Waffeln mit Orangensoße

Zutaten:
Für den Teig:
75 g Butterschmalz,
1 EL Rum,
1 Päckchen Vanillezucker,
1 EL ger. Zitronenschale,
1 Prise Salz,
100 g Zucker,
3 Eier,
175 g Mehl,
1/2 TL Backpulver,
1/8 l Milch
Für die Soße:
1/8 l Orangensaft,
2 Orangen,
Speisestärke,
Zucker,
Zimt
Zum Anrichten:
Vanilleeis,
Sahne,
gehackte Pistazien,
Puderzucker

Das Butterfett mit Rum, Vanillezucker, Zitronenschale, Salz und Zucker in eine Schüssel geben und schaumig schlagen. Die Eier nach und nach kräftig darunterschlagen, das Mehl mit dem Backpulver mischen und mit der Milch zur Masse geben. Das Ganze zu einem glatten Teig verrühren. Im erhitzten Waffeleisen portionsweise goldgelb ausbacken.

Den Orangensaft zum Kochen bringen. Die Orangen schälen und die Schnitze kurz mitkochen. Die abgesiebten Orangen mit einem Mixstab pürieren und wieder zum kochenden Saft geben. Mit der angerührten Stärke binden. Mit Zucker und Zimt abschmecken.

Die heiße Soße in die Mitte eines Tellers geben, das Vanilleeis in die Soße setzen und die warmen Waffeln dazulegen. Mit geschlagener Sahne, Pistazien und Puderzucker ausgarnieren.

Von Monika Rabus,
Oberbuxach, Memmingen

Zitronen-Quarkspeise

Zutaten:
500 g Magerquark,
1/8 l Milch,
3 bis 4 EL Zucker,
1 Päckchen Vanillezucker,
1 Päckchen Sahnesteif,
1 Prise Salz,
2 EL Rum,
Saft von 2 bis 3 Zitronen,
1/4 l Schlagsahne,
50 g bittere Schokolade,
einige ungespritzte Zitronenschalen zum Verzieren

Quark mit Milch, Zucker, Salz, Rum und Zitronensaft schaumig rühren. Die Sahne mit Vanillezucker und Sahnesteif steif schlagen. Nun die Sahne in die Quarkmasse unterheben. Die Quarkspeise in Glasschälchen füllen und mit der gehobelten Schokolade und Zitronenscheiben verzieren.
Bei einem Nachtisch sind unsere Töchter Tamara und Julia immer dabei.

Von Johanna Scholz,
Krottenhill/Ingenried